Fabrice Midal

Liebe (dich) selbst
und die anderen
werden dich
gernhaben

Eine Einladung zum
Glücklichsein

dtv

Ausführliche Informationen über
unsere Autoren und Bücher
www.dtv.de

Dieses Buch ist auch als eBook erhältlich.

Deutsche Erstausgabe 2019
dtv Verlagsgesellschaft mbH & Co. KG, München
Titel der französischen Originalausgabe:
Sauvez votre peau! Devenez narcissique
© 2018 Flammarion/Versilio
© 2019 dtv Verlagsgesellschaft mbH & Co. KG, München
Das Werk ist urheberrechtlich geschützt. Jede Verwertung ist nur
mit Zustimmung des Verlags zulässig. Das gilt insbesondere für
Vervielfältigungen, Übersetzungen und die Einspeicherung und
Verarbeitung in elektronischen Systemen.
Umschlaggestaltung: Ruth Botzenhardt/buxdesign.de
Satz: Fotosatz Amann, Memmingen
Gesetzt aus der Century Schoolbook 10,75/14˙
Druck und Bindung: CPI books GmbH, Leck
Gedruckt auf säurefreiem, chlorfrei gebleichtem Papier
Printed in Germany · ISBN 978-3-423-26238-5

Inhalt

1 Neu geboren aus der Liebe   7

2 Das hässliche Entlein   17

3 Mein Vorbild Narziss   31

4 Sokrates, Jesus und Lou-Andreas Salomé   45

5 Selbstzerfleischung ist ein Verbrechen   57

6 Sich die eigene Unvollkommenheit verzeihen   67

7 Geschichten von Fröschen und Stieren   79

8 Ich: ein Wort und seine Fallstricke   91

9 Sich lieben heißt, ganz Ja zu sich sagen   101

10 Sich selbst zu lieben ist alles andere als dumm   111

11 Lernen, im Unauslotbaren zu leben   123

12 Von der Wichtigkeit, schön zu sein und
Sorge für sich selbst zu tragen   133

13 Von der Wichtigkeit, »ich« zu sagen und
von sich selbst zu sprechen   143

14 Sich für andere aufopfern – keine gute Idee   155

15 Endlich Kraft für das eigene
Engagement finden   165

Anhang   171

Quellen   187

Danksagung   191

1

Neu geboren aus der Liebe

*Man muss sich selber lieben lernen – also lehre
ich – mit einer heilen und gesunden Liebe: dass
man es bei sich selber aushalte und nicht umher-
schweife.*

Friedrich Nietzsche[1]

War ich als Jugendlicher ruheloser als meine Alters-
genossen? Nun, auf jeden Fall gab es bestimmte Fragen,
die mich ständig umtrieben. Zwei im Besonderen ließen
mich nachts mitunter nicht schlafen. Erstens:»Was
soll ich mit meinem Leben anfangen?« Dieser Frage
folgte unausweichlich die zweite, noch existenziellere:
»Wer oder was bin ich eigentlich?« Hin und wieder
suchte ich in meiner Not auch Rat bei meinen Lehrern.
Mit einer gewissen Hartnäckigkeit, wie ich zugeben
muss. Worauf einer mir eines Tages völlig entnervt zur
Antwort gab:»Jetzt seien Sie doch nicht dauernd so
narzisstisch!« Ich habe dieses Wort damals wie einen
Schuldspruch empfunden.

1 Friedrich Nietzsche, *Also sprach Zarathustra*, Dritter Teil, Vom Geist
der Schwere 2, München 2013, S. 678.

Die Erinnerung an diese Szene wurde vor Kurzem wieder wachgerufen, als ich in der U-Bahn mit anhörte, wie eine Frau, auch sie sichtlich genervt, ihren Sohn wütend anfuhr:»Jetzt hör endlich auf, dich so narzisstisch aufzuführen!« Der Kleine zog den Kopf ein, als hätte man ihn bei einer echten Schandtat ertappt.

Ist»narzisstisch« also ein Schimpfwort? Irgendetwas in mir – was genau, vermag ich nicht zu sagen – drängte mich mit aller Macht, diesem bösen Wort auf die Schliche zu kommen. Dabei ging ich auf meine übliche Art vor: Ich versenkte mich in ein Buch. Diesmal griff ich zu einem hochinteressanten Werk, das mir bei meinem Philosophiestudium immer wieder Freude bereitet hatte: Ovids *Metamorphosen*. Dieses Versepos entstand während des ersten Jahrzehnts heutiger Zeitrechnung und stammt aus der Feder eines lateinischen Dichters, der sich in den Kopf gesetzt hatte, die zentralen Motive der griechisch-römischen Mythologie neu zu erzählen. Was zu seiner Zeit dem Unternehmen gleichkam, eine ganz neue Geschichte der Welt zu liefern ... Was für ein Vergnügen! Ich erschloss mir eine ganz neue Bedeutungsebene dieser Verse, die in Gestalt von Göttergeschichten unsere allzu menschlichen Leidenschaften offenlegten.

Und so las ich auch die Geschichte von Narziss erneut, ohne zu ahnen, welches Erdbeben dies in mir und meinem Leben auslösen würde. In meinem Kopf hatte ich noch das Bild von Narziss abgespeichert, das man in der Schule eingebläut bekommt. Das Bild eines ebenso eingebildeten wie eitlen jungen Mannes, der sich in sein Spiegelbild verliebt und für seine Selbstverliebtheit von den Göttern bestraft wird. Schuldig der mangelnden

Bescheidenheit. Doppelt schuldig, weil er sich liebenswert fand und sich liebte. Narzissmus, narzisstisch: Ich hatte diese Wörter immer verwendet wie jeder andere – ohne groß nachzudenken und mit dem negativen Beigeschmack, der ihnen seit Jahrhunderten in unserem Sprachgebrauch anhaftet. Hässliche Wörter. Und doch ...

Es war einmal Narziss.

Was sagt uns denn die Legende über ihn? Narziss, der Sohn einer Nymphe, wird nach seiner Geburt zu Teiresias gebracht, der prophezeit:»Dieses Kind wird ein hohes Alter erlangen, wenn es sich fremd bleibt.« Ein merkwürdiger Spruch. Teiresias war der Seher von Theben. Als solcher kannte er mit Sicherheit den Tempel von Delphi, einen der wichtigsten der griechischen Welt, weil er den Omphalos, den»Nabel der Welt«, beherbergte. Teiresias' Tochter war dort Priesterin, doch das nur nebenbei. Sicher war ihm auch bekannt, was am Giebel dieses Tempels, für alle gut sichtbar, in Stein gemeißelt war:»Erkenne dich selbst.« Von Sokrates weiterverbreitet, wurde dieser Satz zum Nährboden der gesamten griechischen Philosophie. Teiresias, der kein Rebell war und die Glaubensvorstellungen seiner Zeit fraglos teilte, hätte sich sicher nie die Autorität angemaßt, diesem Satz zu widersprechen.

Während Narziss heranwächst, tut also seine Umwelt alles, damit er sich selbst nicht erkennt – in der Legende heißt es symbolisch, man habe ihm sein Spiegelbild vorenthalten. Die Jahre vergehen, und er wird zu einem Jüngling von einer Schönheit, die einzigartig ist. Wer immer ihm begegnet, verliebt sich in ihn. Narziss jedoch weiß weder, wer er ist, noch, was er ist. Er empfindet sich gar als hässliches, keineswegs liebenswertes Entlein. Wie kann er den Worten derer glauben, die sich in ihn verlieben? Wie soll er ohne Selbstvertrauen anderen trauen? Er ahnt nicht, wie liebenswert er ist. Er weiß nichts von der Liebe, die er in den jungen Männern und Frauen weckt, von denen er nichts wissen will und die er enttäuscht und todunglücklich zurücklässt. Einer seiner Verehrer, Ameinias, stürzt sich auf Narziss' Schwelle in sein Schwert. Die Nymphe Echo, von Narziss abgewiesen, verzehrt sich nach ihm. Sie irrt durch die Täler, bis von ihr nicht mehr als ihre Stimme bleibt.

Eines Tages begegnet Narziss dann sich selbst. Der Verständlichkeit halber kleidet der Mythos diese Begegnung in eingängige Bilder. Als Narziss von der Jagd zurückkehrt, beugt er sich über eine Quelle und erblickt im Wasser zum ersten Mal sein Spiegelbild. Wer ist nur dieser Jüngling, dem er noch nie begegnet ist? Er sieht ihn an und ist bezaubert. Narziss wusste nicht um seine Schönheit – wie wir alle nicht um unsere Schönheit wissen, während wir die Schönheit anderer sofort wahrnehmen. Er bringt ganze Tage damit zu, dieses Spiegelbild zu erforschen, es zu bewundern. Er »begegnet« ihm, entbrennt in Liebe zu diesem Fremden, der kein anderer als er selbst ist. Als er sich schließlich erkennt, fühlt er eine Art Jubel und verwandelt sich alsbald in eine weiße Blume mit goldfarbenem Herzen, in die Blume reiner Freude, die erste, die sich nach dem langen Winter öffnet und künftig seinen Namen tragen wird: die Narzisse.

Für die Griechen war Narziss zunächst ein Freudengesang auf das Wiedererwachen des Frühlings und die neuerliche Entfaltung der Natur und des Lebens. Erst wesentlich später und möglicherweise unter dem Einfluss christlicher Theologen trifft Narziss die Strafe der Götter für seine übersteigerte Selbstliebe. Er wird zum Inbegriff verwerflicher Eigenliebe, die aus theologischer Sicht von der einzig zulässigen Form der Liebe, der Liebe zu Gott, wegführt. Und die Moral von der Geschichte, wie sie sich bis zum heutigen Tag erhalten hat, ist nur allzu offensichtlich: Gefährlich ist's, sich selbst zu lieben. Seitdem war (und ist) Narziss schwer belastet.

Aber stirbt Narziss denn überhaupt? In der griechischen Mythologie ist der Tod des Helden gleichbedeutend mit seiner Auslöschung oder mit dem Abstieg in die Unterwelt. Aber im Mythos von Narziss spielt die Unterwelt keine tragende Rolle. Was die Schönheit der griechischen Legende ausmacht, ist, dass sie in Wirklichkeit eine Geschichte von Verwandlung und Wiedergeburt und nicht von Tod und Verschwinden ist. Die Geschichte einer Verwandlung in eine Blume, die alljährlich mit den ersten Frühlingstagen wiederkehrt und das Ende des Winters markiert, damit die Natur von Neuem erblühen kann. Diese Blume steht symbolisch für die Entfaltung der Natur. Außerdem war die Narzisse schon bei den alten Griechen für ihre beruhigende Heilkraft bekannt ...

Doch kehren wir zum Ausgangspunkt zurück, zur Prophezeiung des Teiresias. Wie alle Seher seiner Zeit musste auch er in Andeutungen sprechen. Die wahre Bedeutung von Prophezeiungen war nie auf den ersten Blick erkennbar, es lag darin vielmehr ein verborgener Sinn, den es hinter den Worten aufzuspüren galt. Als

Teiresias Narziss rät, er solle sich fremd bleiben, will er ihm nicht etwa verbieten, *sich selbst zu kennen*, sein Menschsein zu entdecken und sich in der schönen Kunst des »Erkenne dich selbst!« zu üben. Er warnt ihn vielmehr davor, nicht der Festlegung auf eine bestimmte Identität in die Falle zu gehen (Ich bin ein Mann, schön, jung, Sohn einer Nymphe ...). Denn das sind nur starre Hülsen, die verschleiern, wer wir im Grunde unseres Wesens wirklich sind. Sie verstellen uns den Zugang zu der tieferen Weisheit, die in der Prophezeiung des Teiresias symbolisch verborgen liegt – dem Versprechen des hohen Alters, das Narziss erlangen könnte, wenn er sich nicht in sich selbst verrennt.

Die Geschichte von Narziss handelt nicht vom Verbot, sich selbst zu lieben. Sie spricht vielmehr von der Notwendigkeit, ja sogar von der Pflicht, uns selbst zu begegnen, zu akzeptieren und Frieden mit uns zu schließen, statt weiter innerlich zerrissen zu bleiben. Als Narziss zum ersten Mal sein Bild im Wasser gespiegelt sieht, erkennt er sich nicht: Das Spiegelbild ist für ihn das Antlitz eines Fremden. Erstaunlich? Ganz im Gegenteil! Meine Erfahrung als Meditationslehrer bestätigt mir immer wieder, dass die meisten Menschen sich selbst nicht kennen. Dass sie keine Ahnung haben von ihren Ressourcen, ihren Talenten, ihrem inneren Reichtum, ihrer Schönheit. Sie haben sich nie gesehen, weil sie nicht gelernt haben, sich anzuschauen. Wie Narziss, der nicht im Mindesten ahnt, dass dieser liebenswerte Jüngling, dieser junge Mann, zu dem andere in einer solchen Liebe entbrennen, dass sie beinahe den Verstand verlieren, er selbst ist. Er ist sich selbst fremd. Woher also sollte er es wissen? Auch wir sind uns fremd. Man nennt ihn gleichgültig und hochmütig, dabei ist Narziss nur unwissend. Doch er entdeckt sich Stück für Stück, als er im Spiegel der Quelle sein Bild betrachtet. Sich selbst zum ersten Mal sieht. Er findet sich schön, und das ist er. Er findet sich liebenswert, und auch das ist er. Das Eis in seinem Herzen beginnt zu schmelzen. Er wird fähig zur Liebe, fähig, sich der Welt zu öffnen und Liebe zu empfangen. Er liebt sich und wandelt sich so.

Narziss, ein Schimpfwort? Ein seltsames Missverständnis ... Zugegeben, auch ich habe jahrelang gedacht, narzisstisch zu sein sei ein Fehler, ein charakterlicher Defekt, ja schlimmer noch eine Abartigkeit. Ein enormes Hindernis, wo es um Empathie und die Hinwendung zu anderen Menschen geht. *Die* Kardinaluntugend unserer Zeit, die uns eine durch und durch egoistische Gesellschaft schaffen ließ, eine Gesellschaft, in der der Mensch an Depressionen und an Aufmerksamkeits-Defizit-Störungen leidet und an Burn-out oder Erschöpfung stirbt. Etwas, was kurz gesagt die Schuld trägt an all den Übeln unserer Zeit, welche die Viruserkrankungen, denen der Mensch im vergangenen Jahrhundert zum Opfer fiel, als Haupttodesursache abgelöst haben.

Doch schauen wir uns diese modernen Seuchen einmal näher an. Und zwar ohne unsere ererbten Scheuklappen. Dann muss uns ein Faktum nachgerade ins Auge springen: All diese Erkrankungen stehen nämlich in direktem Zusammenhang mit der Selbstausbeutung, der Tatsache, dass wir Menschen auch noch das Letzte aus uns herausholen. Sie hängen zusammen mit unserer Blindheit, mit unserer Unfähigkeit, uns selbst wahrzunehmen und uns zuzuhören. Wir sehen nicht, dass unser Körper und unser Geist bei diesem Tempo einfach nicht mehr mitkommen, dass sie um Hilfe rufen und uns um eine Atempause anflehen.

Wir haben nie gelernt, uns selbst mit Wohlwollen zu betrachten, uns zu lieben. Wenn ich als Kind wütend war, wurde ich nie gefragt, was ich denn *wirklich* wollte. Stattdessen sagte man mir – wie allen Kindern:»Du gehst jetzt auf dein Zimmer, bis du dich wieder beruhigt hast.« In der Schule hieß es nie:»Richte den Blick nach innen!«, sondern höchstens:»Halt den Mund!« Und später im Beruf war Höchstleistung die oberste Regel, der man sich zu beugen hatte – auf die Gefahr hin, dass man sich selbst verheizte, ohne auf sich zu hören, ohne für sich Sorge zu tragen.

Wir können uns selbst nicht mehr achten. Wir behandeln uns ständig mit Geringschätzung, ohne dass uns dies überhaupt bewusst wäre. Wir springen ziemlich hart mit uns um, weit härter, als wir das mit jemand anderem tun würden. Wir hören uns selbst nicht zu, erwarten das aber vom anderen. Wir finden keinen Frieden in uns und ärgern uns doch über andere Leute, weil sie uns nicht in Frieden lassen und nicht respektieren. Aber lassen wir uns denn selbst in Frieden? Wir bügeln uns selbst genauso nieder wie unsere Mitmenschen und merken das nicht einmal. Selbst dann nicht, wenn wir behaupten, uns für andere aufzuopfern.

Der Mythos von Narziss erinnert mich unweigerlich an ein Märchen, das ich als Kind oft gelesen habe: *Die Schneekönigin*, eines der längsten Märchen, die Hans Christian Andersen je geschrieben hat. Und wohl auch dasjenige, das seine Inspiration am meisten befeuert hat. Ich war Kay. Wir alle sind Kay, das Kind, das stundenlang mit Gerda, dem vor Lebensfreude überschäumenden und bei allen beliebten Nachbarskind, spielen durfte. Eifersüchtig auf die Freundschaft der beiden entführt die schreckliche Schneekönigin Kay. Dies gelingt ihr aber erst, als Kay zwei Splitter eines teuflischen Zauberspiegels treffen, einer ins Herz, einer ins Auge.

Die Splitter machen aus dem einst so freundlichen Kind einen hartherzigen, gleichgültigen Jungen, der sich fortan hochmütig und bösartig verhält. Er reißt die Rosen ab, die er mit Gerda gepflanzt hat, und weigert sich, anderen auch nur den geringsten Gefallen zu tun. Und er wird, wie Andersen hervorhebt, dabei auch klüger: »Er ist gescheit, dieser Junge«, heißt es jetzt über ihn. Leider wird er auch blind für die einfache Schönheit in den Dingen, die ihn umgeben, und sein Herz wird, wie das des Narziss, zu einem Eisblock. Er vermag nicht mehr, sich selbst oder jemand anderen zu lieben. Er entfremdet sich sogar von seiner besten Freundin Gerda.

Nach einer langen und abenteuerlichen Suche, bei der ihr Zauberer und Menschenfresser begegnen, kann Gerda Kay schließlich durch eine Träne buchstäblich loseisen. Die Träne sinkt direkt in sein Herz und bringt das Eis zum Schmelzen, das ihn gefangen hielt. Der Junge bricht nun selbst in Tränen aus, und diese spülen den Splitter aus seinem Auge, der ihn für alles Schöne und Gute blind gemacht hat. In diesem Moment fängt Kay wieder an zu leben und zu lieben.

Wir alle sind wie Kay, wir alle sind wie Narziss, ehe er sich selbst begegnet. Unser Herz liegt verschlossen unter einer dicken Eisschicht, die uns verhärtet, uns in unserem Elfenbeinturm vereinsamen lässt und daran hindert, uns selbst und unsere Mitmenschen zu sehen. Blind für die Wirklichkeit und innerlich stumpf, weil sein Herz und sein Auge zu Eis geworden sind, verbirgt Kay sich hinter seinem Panzer. So sehr, dass er außerstande ist, sich selbst zu sehen und zu erkennen. Narziss ist unfähig zu lieben. Wie Kay bricht er in Tränen aus, als endlich etwas sein Herz berührt. Weil er sich selbst liebt, wird er wieder menschlich. Er begegnet sich und verwandelt sich in diese Blume mit dem goldenen, pochenden, kostbaren, freudvollen Herzen. Er wird neu geboren, weil er nun liebt. Er erkennt sich. Endlich kann er »Ja« zu sich sagen ...

2

Das hässliche Entlein

*Man soll niemandes Sensibilität verachten. Eines
jeden Sensibilität ist sein Genie.*

Charles Baudelaire[2]

Als Kind allerdings war ich weder Narziss noch Kay,
sondern nur schlicht das hässliche kleine Entlein, das
so ganz anders war als seine Artgenossen und nichts so
machen konnte wie sie und deshalb zur Zielscheibe von
Spott und Tadel wurde.

Für meine Eltern war ich eine Art Anomalie im Welt-
geschehen. Sie dachten, ich sei geistig zurückgeblieben,
versuchten aber trotzdem, irgendwie mit mir zurechtzu-
kommen. Jahr für Jahr kämpften sie darum, dass ich
nicht sitzenblieb. Wegen meiner katastrophalen Noten
machten sie mir schon längst keine Vorwürfe mehr. Als
mir in der vierten Klasse die Lehrerin ins Heft schrieb:
»Der Schüler strengt sich in keiner Weise an und sollte
streng bestraft werden«, zuckten sie nur resigniert mit
den Schultern. Viel Mühe habe ich mir wirklich nicht
gegeben, das ist schon wahr. Ich versuchte, immer ein

2 Baudelaires intime Tagebücher, Egweil o. J., S. 26.

bisschen zu lernen, aber dabei saß mir stets die Angst oder die Langweile im Nacken. Von wegen Freude am Lernen oder geistige Entfaltung. Ich war selbst überzeugt davon, nicht normal zu sein. Oft genug gesagt hatte man mir das ja, und so verlor ich jeden Antrieb. Es schien mir völlig klar, dass ich zu mehr nicht in der Lage war.

Außerdem hatte ich noch so etwas wie einen Geburtsfehler: Ich war total ungeschickt. Später fand ich heraus, dass man mich zum Rechtshänder »umgeschult« hatte. Noch heute habe ich Probleme, wenn ich spontan sagen soll, wo links und wo rechts ist. Ich konnte mir die Schuhe nicht binden und verließ mich darauf, dass die Lehrerin mir helfen würde – wofür ich mich dann wieder schämte. Auch Ballspielen war etwas, das ich nicht beherrschte. Erstens gelang es mir so gut wie nie, den Ball zu bekommen, und wenn doch, dann schoss ich ihn garantiert in die falsche Richtung, sodass meine Mannschaft verlor und die anderen Jungs mich verhöhnten. Schwimmen zu lernen war ein Martyrium: Ein Freund meiner Eltern, ein ausgesprochen geduldiger Mensch, nahm es auf sich, mich einen Monat lang mehrere Stunden täglich zu unterrichten, bis ich mich endlich entschloss, die Bewegungen meiner Arme mit denen meiner Beine zu koordinieren. Und so lief es bei allem. Bei den typischen Jungsspielen mitzumachen interessierte mich nicht. Ich war ein schlechter Läufer und ich fand es auch nicht lustig, Mädchen an den Haaren zu ziehen oder ihnen unter den Rock zu gucken.

Ich hätte alles getan, um so zu sein wie meine Klassenkameraden. Aber ich war nicht so wie sie, und das nahm ich mir übel. Ich war anders. Ich schämte mich für mich. Für dieses hässliche kleine Entlein, das man dauernd führen musste, damit es Dinge schaffte, die für andere ganz selbstverständlich schienen. Ich kam mir fast vor wie eine Missgeburt, weil ich es meinen Klassenkameraden nicht gleichtun konnte, weil es mir keinen Spaß machte, zu rennen und mich auszutoben. Ich träumte davon, »so wie sie« zu werden, und hatte dauernd das Gefühl, etwas falsch zu machen. Oder keine Daseinsberechtigung zu haben. Eigenartig zu sein. Mir war zu der Zeit noch nicht bewusst, dass wir in Wahrheit alle eigen-artig im Sinne von »einzig-artig« sind.

Damit ich zu mir erwachte – zu Beginn der Pubertät –, bedurfte es eines Blickes. Dieser Blick kam von meinem Großvater. Ich malte voller Leidenschaft, doch leider stießen meine Bilder nie auf Begeisterung. Im Sommer, wenn ich mit meiner Schwester ins Ferienlager fuhr, nutzte unsere Mutter die Gelegenheit, um in unseren Zimmern sauber zu machen. Und »sauber machen« hieß für sie im Wesentlichen »wegwerfen«. Meine künstlerische Jahresproduktion landete folglich im Müll, was mir völlig normal erschien. Was konnte an den Bildern einer Anomalie, wie ich eine war, schon interessant sein?

Eines Tages aber kam mein Großvater ins Zimmer, als ich gerade malte, und sah mir über die Schulter. Ich konnte ihn nicht sehen, aber ich spürte sein Interesse und seine Neugier. Er fragte mich, was ich denn da male, und meinte, es würde ihm gefallen. Das war schon alles. Das war alles, und es war gigantisch. Ich machte keinen Freudensprung, aber was ich empfand, war sehr viel mehr, nämlich eine unglaubliche Erleichterung. Das war der erste Schritt auf einem Pfad, von dem ich damals noch nicht wusste, dass er existierte. Und natürlich auch nicht, dass er nie endet: der Pfad, auf dem man lernt, zu sich selbst Ja zu sagen, sich selbst wertzuschätzen und dazu zu stehen. Von da an betrachtete ich meine Aquarelle mit anderen Augen. Ich sagte mir, dass ich sie gut finde – vorher wäre ich gar nicht darauf gekommen, mich das zu fragen.

Aber Malen war für mich nur ein nebensächlicher Zeitvertreib. Ich habe nie in Betracht gezogen, mit dem Blick meines Großvaters auch auf andere Dinge zu schauen. In meinem Herzen herrschte weiter Winter, während ich überzeugt war, überall sonst da draußen müsse Frühling sein. Natürlich haben mir manche Erwachsenen von Zeit zu Zeit Mut gemacht und gesagt: »Du schaffst das schon.« Oder: »Versuch doch mal, ob du mit was anderem mehr Erfolg hast.« Wirklich überzeugen konnten sie mich mit solchen Äußerungen nie. Was sie sagten, schaffte weder meinen Kummer noch meine Probleme aus der Welt. Trotzdem war mit dem Blick meines Großvaters etwas anders geworden. Er hatte den Samen des Zweifels in mir gesät, der langsam Löcher in den Eispanzer der einzigen Identität fraß, die ich für mich kannte: die eines Menschen mit zwei linken Händen.

Ich war einundzwanzig und ziemlich angeödet von meinem allzu theorielastigen Philosophiestudium, als ich zum ersten Mal an einem Meditationsseminar teilnahm. Was der Seminarleiter dort erzählte, empfand ich als so radikal und unerhört, dass ich beinahe zur Salzsäule erstarrt wäre: Jedem Menschen, erklärte er uns, wohne etwas Schönes und Gutes inne, das es verdiene, geliebt zu werden. Und dieses Etwas, fügte er hinzu und

zeigte dabei auf einen wunderschönen alten Baum im In-
nenhof, erlaube uns, die Schönheit der Welt zu erkennen.
An der Universität durchmaßen wir die Welt abstrak-
ter Ideen. Und hier erzählte man mir, ich solle mir lieber ansehen, was im Augenblick geschieht, ja schlimmer noch, mich dafür interessieren, wer oder was ich
war? Den Rest des Tages brachte ich damit zu, in mir
nach besagtem liebenswerten Etwas zu suchen. Ohne
Erfolg, wie ich offen bekenne. Ich konnte alles Mögliche
sehen: meine Unzulänglichkeiten, meine Schwächen,
meinen Hang, zu viel und kreuz und quer in alle Rich-
tungen zu denken; meine mangelnde Geschicklichkeit,
mein Anderssein, die Narbe an der Lippe, die ich von
Geburt an hatte; meine Kleinkariertheit, meine Ängste,
meine Gefühle von Neid und Eifersucht. Was bitte sollte
daran denn liebenswert sein?

Ich verstand nicht, was man hier von mir wollte. Ich
war doch weder besonders unglücklich noch sonderlich
von Ängsten geplagt. Ich lebte mit einer Gewissheit, die
offen auf der Hand lag, aber kein echtes Problem darstellte: Ich war Durchschnitt, die anderen waren brill-
lant. Jeder auf seine Weise, aber jeder für sich ein brill-
lanter Kopf. Immerhin hielt ich es mit mir selbst aus,
und das war ja auch schon eine Leistung. Ich konnte
nicht sehen, welch andere Haltung ich meiner eigenen
Person gegenüber einnehmen könnte. Und dass an dieser Person etwas Liebenswertes sein sollte, konnte ich
einfach nicht glauben. Außerdem hielt ich es für völligen
Quatsch, in mich hineinzuhorchen, wie es dieser Seminarleiter vorschlug. Der Mann verzapfte nur sinnloses
Zeug, aber da das Seminar über mehrere Tage gehen
sollte, versuchte ich eben, so gut es ging mitzuspielen.

Zwei oder drei Jahre zuvor hatte ich angefangen zu meditieren, um mich sozusagen von mir selbst zu befreien, um »mich zu beruhigen«. Mir war gar nicht bewusst, wie brutal es war, was ich da trieb, und mit welcher Unnachsichtigkeit und Härte ich gegen dieses lästige Ich vorzugehen bemüht war – ohne es natürlich loswerden zu können. Ohne mir das einzugestehen, hatte ich Angst davor, den Blick in mein Inneres zu richten, Angst vor dem, worauf ich dort stoßen könnte. Im Laufe dieses Seminars habe ich mehr als einmal der Versuchung nachgegeben, den Deckel draufzuhalten und nicht allzu tief zu bohren – bitte weitergehen, es gibt hier nichts zu sehen ...

Am vierten Tag erlitt ich einen Zusammenbruch. Es war Abend, und ich war gerade draußen im Garten. Da kam mir schlagartig zu Bewusstsein, dass ich es mit mir nicht mehr aushielt. Ich war von einem gnadenlosen Selbsthass besessen, einem Hass, den ich nie wahrgenommen hatte, weil ich nie in mich hineingesehen hatte. Ich erfüllte keine Norm und passte in kein Muster. Selbstquälerisch verstellte ich mich immer mehr und versuchte, so zu sein »wie die anderen«. Eine weitere Schikane an mir, die ich nicht erkannt hatte. Man sieht ja nie, wenn man sich selbst schikaniert, während man es bei anderen sofort bemerkt.

»Ich hasse mich!« Sobald ich diese drei Worte gesagt hatte (und ich glaube, ich habe sie laut gesagt), in dem Moment, als ich mich quasi in flagranti beim Selbsthass erwischt hatte, wich der Hass einem unendlichen Schmerz. Ich habe mich nicht sofort selbst geliebt oder geschätzt. Weit gefehlt. Doch es war von mir eine Last abgefallen, die Last dieses unterschwelligen Hasses, den ich eben benannt und identifiziert hatte. Der mich mir selbst gegenüber verbittert und bösartig hatte werden lassen. Der aus mir einen nie zufriedenen, stets misstrauischen Menschen gemacht hatte,»klug«, aber eisig – so wie Kay, nachdem ihn die Splitter des Zauberspiegels in Herz und Auge getroffen hatten. Dieser Moment war wie eine schallende Ohrfeige, war ein Weckruf, eine Befreiung. Selbstverständlich wusste ich das damals noch nicht, aber an jenem Abend erlebte ich meinen ersten wirklich narzisstischen Moment: Ich war mir selbst begegnet. Flüchtig zwar, aber nichtsdestotrotz wurde mir bewusst, dass ich existierte. Ich hatte nach einem Ungeheuer, einer hässlichen, beängstigenden Kreatur Ausschau gehalten und sie nicht gefunden. Da war nur ich, sicher mit einigen Schrammen, unvollkommen, aber doch jemand, der es wert war, dass man ihn ebenso wohlwollend betrachtete wie ein Kind, einen Freund oder Fremden, der unsere Neugierde geweckt hat. Zum ersten Mal habe ich meinen Schmerz umarmt. Ich ließ alles Tadeln sein und legte mein ewiges»Das geht doch besser« oder»Ich bin ein Versager« ab. Ich war nackt und bloß. Ich verdiente Trost. Und ich machte mich auf den Weg.

Dieser Weg ist keine gut ausgebaute Schnellstraße, sondern ein Treidelpfad, auf dem man tausendmal stolpert. Man liebt sich nicht ein für alle Mal, sondern man muss stets genau aufpassen, wohin man seinen Fuß setzt. Auch heute, dreißig Jahre später, ertappe ich mich jeden Tag (oder fast jeden Tag) dabei, wie ich mich selbst schikaniere, verurteile, einen Dummkopf schimpfe und es normal finde, dass ich oder jemand an derer grob mit mir umspringt. Dann breitet sich um mich herum eine Giftgaswolke aus und verpestet die Atmosphäre. Ich vertreibe sie, indem ich mich an jenen Abend erinnere, als ich mir zum ersten Mal erlaubte, mich selbst zu lieben.

Ich bin auf diesem Weg nicht nur gestrauchelt: Ich habe Fehler gemacht und bin mehr als einmal in einer Sackgasse gelandet. So glaubte ich beispielsweise, ich müsse mehr Selbstachtung entwickeln. Das stand damals für jeden verpflichtend auf der Tagesordnung. Die Wissenschaft hatte nämlich herausgefunden, dass jemand, der es im Leben zu etwas bringt, gewöhnlich auch ein positives Selbstbild hat – im Gegensatz zu den Leuten, die in Gefängnissen und Entziehungskliniken sitzen. Auf der Grundlage dieser Erkenntnis hatte der kalifornische Staat beschlossen, die Förderung der Selbstachtung auf den Lehrplan zu setzen, weil dies sämtliche Probleme sowohl des Einzelnen als auch der ganzen Gesellschaft lösen würde. Ganz amerikanisch wurde deshalb 1986 eine *Task force to promote self-esteem*, eine »Spezialeinheit zur Förderung der Selbstachtung«, auf die Beine gestellt. Ihre Aufgabe: Klein und Groß, Jung und Alt immer wieder zu sagen: »Ihr seid großartig!«

Die Aktion war kostspielig und scheiterte grandios. Die Leute von der Taskforce konnten den Menschen hundertmal versichern, sie seien großartig. Ihr Gegenüber lächelte nur höflich und glaubte ihnen kein Wort. »Ich einzigartig? Sehr nett von Ihnen, aber in welcher Hinsicht?« Genauso wie unlängst eine meiner Assistentinnen mir auf eine ähnliche Äußerung erwiderte: »Ach nein, da täuschen Sie sich. Wenn Sie mich besser kennen würden ...« Nach ein paar Jahren gab die Taskforce eine Studie in Auftrag, die die positiven Effekte ihrer Arbeit messen sollte. Das Ergebnis war recht durchwachsen: »Die aufgezeichneten Daten belegen, dass ein Zusammenhang zwischen Selbstachtung und deren Folgen zweifelhaft, nicht belegbar, ja, eigentlich nicht vorhanden ist.« Fettleibigkeit, Gewalt, Teenager-Schwangerschaften, Schulabbrüche und Drogenprobleme waren durch die Taskforce nicht weniger geworden. Der Fluch des Selbsthasses konnte nicht gebannt werden: Dazu fehlte etwas ganz Wesentliches.

Und dieses Wesentliche fehlt immer noch bei den meisten Seminaren und Trainings, die mehr Zufriedenheit und persönliche Entwicklung versprechen, dabei aber nichts anderes machen, als das missglückte kalifornische Vorbild zu imitieren. »Lieben Sie sich!«, »Schätzen Sie sich!«, wird den durchaus motivierten Teilnehmern einen ganzen Tag oder eine ganze Woche lang an den Kopf geworfen. Fehlt es vielleicht an geeigneten Übungen, um dieses Ziel zu erreichen? Man tischt den Leuten allerlei (wenn möglich einfache) Methoden auf, bei denen sie drei oder zehn Punkte lernen, hübsche, fix und fertig vorgekaute Rezepte, die das eigene Genie zum Erstrahlen bringen sollen. Doch wer mit diesen Techniken tatsächlich arbeitet, erlebt einen Bumerangeffekt und schlägt umso härter in der Wirklichkeit auf, weil sich in ihm nichts verändert hat. Und welchen Schluss zieht der Betroffene dann daraus: »Nicht mal das schaffe ich.«

In der Tat: So gewissenhaft Sie diese Rezepte auch befolgen mögen, der Erfolg bleibt aus. Denn man liebt nicht, weil man es im Kopf so beschlossen hat. Liebe ist keine Übung, die man exakt dosiert zum genau festge-

25

setzten Zeitpunkt machen könnte. Keine Terminsache, die man mal eben zwischen eine Besprechung, einen zu schreibenden Bericht und ein paar Besorgungen hineinquetscht. Ich kann mir nicht vornehmen, jetzt jeden Tag zu lieben oder dreimal pro Woche von 14 bis 15 Uhr, wie man das beim Krafttraining macht, und dann habe ich für den Rest der Zeit meine Ruhe. Liebe ist auch keine Innenschau-Übung: Ich kann mich nämlich durchaus drei Tage oder auch einen ganzen Monat in mein stilles Kämmerlein einschließen und am Ende mich selbst oder andere trotzdem nicht mehr lieben als vorher.

Zwischen Selbstachtung und Liebe gibt es einen gravierenden Unterschied: das Leben mit all seiner Dynamik. Etwas wertzuschätzen ist ein intellektueller Akt. Liebe aber ist ein Abenteuer, die Frucht einer Begegnung, die in der Wirklichkeit verankert ist. Erhalte ich den Auftrag zu lieben, dann scheitert die Ausführung, selbst wenn ich noch so motiviert bin und noch so viele Übungen mache. Um einen Menschen zu lieben, muss ich mir die Zeit nehmen, ihn kennenzulernen. Und akzeptieren, dass ich ihn nicht aus einem ganz bestimmten Grund liebe – weil mir seine Nase gefällt, weil er gut Kreuzworträtsel löst oder diesen oder jenen Charakterzug besitzt. Ich liebe ihn ohne Grund, jenseits von Intellekt und Vernunft. Warum sollte das bei mir selbst anders sein?

Ich habe einige Zeit gebraucht, um narzisstisch zu werden, mir selbst zu begegnen, ohne aufzuhören, am Leben teilzuhaben. Oder zu glauben, ich müsste erst einen Fragebogen ausfüllen wie bei diesen Partnerbörsen im Internet, damit ich dann anfangen kann, mich zu lieben. Denn Narzissmus hat weder etwas mit Nabelschau zu tun noch mit Eitelkeit. Narzissmus heißt einfach nur, dass man sich selbst als lebendes Wesen erkennt, das Interesse verdient.

Also habe ich meine Aufmerksamkeit auf dieses Wesen, auf mich, gerichtet und auf das, was ich tat. Ich habe mich herangetastet, bis ich einen ersten Einschnitt fand, an dem ich einhaken konnte. Das war, als ich eines Tages beim Malen saß und mich daran erinnerte, wie mein Großvater auf meine Bilder geguckt hatte. Da habe ich mit einem Mal begriffen, dass Malen für mich kein simples Hobby war, sondern eine Notwendigkeit: Sobald ich einen Pinsel in der Hand halte, fühle ich mich bei mir, zu Hause. Ich habe mir daraufhin meine Bilder angesehen – ohne Selbstgefälligkeit, aber auch ohne Geringschätzung. Ich musste zugeben, wären sie von jemand anderem signiert gewesen, hätte ich sie interessant gefunden. Was also machte meinen Blick auf meine Bilder so gnadenlos, nur weil es meine eigenen waren? Warum fand ich nie:»Das ist gut geworden«? Warum immer nur:»Das reicht nicht«? Nie ein»Ich bin stolz«. Immer nur:»Das kann ich niemandem zeigen.« Irgendwie schaffte es schließlich dieser Gedanke in mein Gehirn, wenn auch auf leisen Sohlen und fast schon verschämt: Vielleicht habe ich doch ein bisschen Talent für gewisse Dinge? Vielleicht bin ich gar nicht die Nullnummer, für die ich mich immer gehalten habe?

Jahre später sprach ich über dieses Erlebnis mit meinem Freund Tal Ben-Shahar, dem bekannten US-amerikanischen Lehrer für Positive Psychologie. Er erzählte mir eine ähnliche Geschichte, die ihn beschäftigt hatte.

Ein Schüler hatte mit sämtlichen Lehrern Probleme. Seine Noten waren katastrophal, er machte sich nichts aus Sport, und überhaupt langweilte ihn alles. Er war zutiefst überzeugt davon, in allem schlecht zu sein. Ein ausgesprochen hässliches Entlein. »Und du bist dir sicher, dass du überhaupt nichts kannst?«, hatte ihn der Schulpsychologe gefragt. Der Junge dachte ziemlich lange nach, dann sagte er: »Ich kann jonglieren, aber das mache ich nur zum Spaß.« Der Psychologe lud ihn darauf ein, doch mal vor der Klasse zu jonglieren. Seine erstaunliche Geschicklichkeit faszinierte all seine Mitschüler. Zum ersten Mal hörte er die anderen sagen: »Was du machst, ist echt super!« Das verblüffte ihn total. Von diesem Moment an, in dem er seine Begabung entdeckt hatte, vollzog sich ein radikaler Wandel in ihm. Er war die ganze Zeit gegen die Mauer seiner eingebildeten Unfähigkeit gerannt. Als er lernte, den Blick auf etwas anderes zu richten, entdeckte er nach und nach andere Türen, andere Möglichkeiten. Im Laufe der Monate legte das hässliche Entlein sein altes Vorurteil ab: »Das wird nie etwas.« Und fing an, seine Flügel auszubreiten und sich als Schwan in die Lüfte zu erheben.

Als ich zu diesem Thema einmal ein Seminar abhielt, stand plötzlich eine Teilnehmerin völlig schockiert auf: »Ich gehe jetzt. Ich will mir keinen Sand ins Getriebe streuen. Das kann ich einfach nicht.« Am Ende blieb sie trotzdem. Während dieser Sitzung, erzählte sie mir später, sei ihr plötzlich bewusst geworden, dass die tödlich langweiligen Sonntagsessen bei den Schwiegereltern sie seit Jahren lähmten. Nach diesem Seminar traute sie sich endlich, Nein zu sagen. Diesem Nein,

28

und damit der Erlaubnis, sie selbst zu sein, folgte eine ganze Reihe weiterer. Und jedes Nein war für sie ein befreiender Schock, ein zutiefst narzisstischer Moment. Sie spürte, wie sie gleichsam wiedergeboren wurde und sich entfaltete. Der Wunsch, im Einklang mit sich selbst zu leben, wurde immer stärker. Zwei Jahre später zog sie in eine andere Stadt und fing ein neues Leben an. Sie machte ihre Kochkünste zu ihrem neuen Beruf, eröffnete ein Restaurant und erkocht sich gerade ihren ersten Stern.

Was mich betrifft, bin ich zwar auch zum Schwan geworden, aber an meinen äußeren Lebensumständen hat sich nicht viel geändert. Ich hatte diesen Weg eingeschlagen in der Hoffnung, dass er mich irgendwie verwandeln und meine Eigenarten auslöschen würde. Ich betrachtete mich als Fehlkonstruktion und wollte unbedingt jemand anderer sein. In einer anderen Haut, einem anderen Leben stecken.

Letztlich hat sich auch in mir ein radikaler Wandel vollzogen, aber der sah anders aus. Ich bin eine Beziehung eingegangen, eine Beziehung zu mir selbst. Ich habe den Menschen, der ich bin, nicht geändert. Ich bin immer noch ungeschickt, habe immer noch eine schlechte Arm-Bein-Koordination, bin immer noch ein Träumer, voller Ungeduld und ganz sicher kein Partylöwe ... na und? Ich habe mir erlaubt, mir zuzuhören, ohne mich bewusst zu lieben, aber auch ohne mich zu verachten. Ich habe Bekanntschaft mit mir geschlossen wie Narziss mit seinem Spiegelbild.

Ich lag damals in ständigem Konflikt mit mir selbst, schikanierte mich, um irgendwie ins Schema zu passen, und versuchte ständig, mehr dies und weniger jenes zu sein. Irgendwann habe ich herausgefunden, dass ich im Grunde gar keine Lust hatte, »wie die anderen« zu laufen oder zu tanzen, dieselbe Musik zu hören oder ihren Lebensrhythmus zu teilen. Außerdem ist die Frage doch: Wer sind denn diese »anderen«? Ich hielt mich für anders, aber letztlich sind wir alle anders als die anderen. Wir alle sind hässliche Entlein, die berufen sind, Schwäne zu werden – sofern wir das wollen und darauf achten.

Ich habe mich selbst in Erstaunen versetzt, bisweilen war ich auch von mir irritiert, viel öfter allerdings angenehm überrascht, weil ich Qualitäten entdeckte, die ich nicht bei mir vermutet hätte. Ich versteifte mich nicht länger darauf, die Auswahlverfahren für die Universitätskarriere bestehen zu müssen, bei denen ich nie auch nur eine Chance hatte. Stattdessen wandte ich mich der Philosophie auf anderen Wegen zu, die weniger akademisch, dafür näher am Leben waren. Ich belegte sieben Jahre lang Kurse bei einem Lehrer, der mir entsprach, und war begeistert von den Möglichkeiten, die sich mir dort eröffneten.

Ich wandte mich der Meditation zu, weil sie ist, was sie ist: ein Akt vollkommenen Gewärtigseins. Ich habe gelernt, mir selbst zu vertrauen. Ich habe die ausgetretenen Pfade verlassen und begonnen, wahrhaft zu lehren. Ich habe begriffen, wenn auch zu Anfang ein wenig erschrocken, dass ich, wie alle Menschen, genial bin – bei aller Unvollkommenheit und Mittelmäßigkeit.

Und dann eines Tages, so seltsam das nun klingen mag, fand ich mich plötzlich liebenswert.

3

Mein Vorbild Narziss

Ich betrachte mich und sehe einen Engel.

Stéphane Mallarmé

Ich habe eine Freundin, die jedes Mal voller Unmut die Stirn runzelt, sobald ich ihren Kindern ein Kompliment mache. Die drei Kleinen sind wirklich herzig, gut in der Schule und voller Leben. Meine Freundin aber ist der Überzeugung, dass ich ihnen keinen Gefallen tue, wenn ich sie lobe, denn das mache sie nur selbstzufrieden und dann würden sie sich nicht mehr so anstrengen. Man müsse sie, wie sie mir versichert, vielmehr »puschen« und »anstacheln« und dazu motivieren, es immer noch besser zu machen. Auf keinen Fall dürfe man sie beglückwünschen.

Dieses Klischee sitzt noch viel tiefer, wenn es sich um unsere eigene Person handelt. Selbstlob ist eine unverzeihliche Sünde – außer in ironischer Form. »Er/sie ist ja reichlich eingebildet«, heißt es, sobald jemand sich selbst Lob zubilligt, und sei es noch so wenig. Denn unsere Gesellschaft erlegt uns als eherne Regel auf, was meiner Meinung nach ein Fluch ist:»Immer schön bescheiden bleiben!« Und dieses Gebot haben wir so sehr verinnerlicht, dass wir es nicht oder nur selten wagen anzuerkennen, dass wir Talent, Kraft, besondere Fähigkeiten, ja Genie besitzen. Darüber hat sich schon Montaigne, mein geistiger Lehrmeister, empört. »Weniger von sich zu sagen, als in einem steckt, ist Torheit, nicht Bescheidenheit. Sich unter seinem Wert zu verkaufen zeigt [...] Kleinmut und Feigheit an«, schreibt er in seinen *Essais*.[3]

Ich denke oft über diesen Satz nach, und er rüttelt mich immer wieder wach. Wir sehen nämlich all unsere Schwächen und Mängel, das beherrschen wir ganz ausgezeichnet. Doch sobald es um unsere Vorzüge geht, ist der Wurm drin. Was ist das eigentlich für ein irrwitziges Gesellschaftsspiel, bei dem es darum geht, unehrlich zu sein? Bei dem wir verleugnen, was und wie wir sind: mal toll und mal weniger toll, mal genial, mal mittelmäßig, und manchmal auch schlecht – wie das eben bei allen Menschen der Fall ist. Wir benutzen beim Gehen sozusagen nur ein Bein – zu allem Überfluss auch noch das gebrochene – und beklagen uns, dass wir nicht vom Fleck kommen.

Ich habe da, wie gesagt, auch kein fertiges Rezept. Aber ich habe etwas sehr viel Besseres, nämlich ein Vorbild, das ich für mich gewählt habe: Narziss. Lange Zeit habe ich nicht gewagt, mir das einzugestehen. Ich hatte nicht den Mut, mich gegen die herrschende Meinung zu stellen, der zufolge die Wurzel allen Übels auf dieser Welt im Individualismus, im Egoismus und im – noch verwerflicher – Narzissmus zu suchen ist. Ich erlebte ganz im Gegenteil in meinem Umfeld immer wie-

3 Michel de Montaigne, *Essais*, II, 6, München 2011, S. 78.

der, wie Menschen an ihrer Selbstablehnung zerbrachen. Weil sie glaubten, zu wenig zu tun, zu wenig von sich selbst zu opfern, nicht gut genug zu sein. Weil sie ihr Ich schlecht und hassenswert fanden. Ein Feind ...

Der Augenblick meines narzisstischen Erwachens war für mich das Gegenstück zu dem Kuss, mit dem der Prinz das Dornröschen aus seinem langen Schlummer weckte. Ich erwachte aus der Lethargie, in die ich mich selbst versetzt hatte. Mit einem Mal erkannte ich, dass unsere Welt von Robotern bevölkert ist, die darauf programmiert sind, »Leistung, Leistung, Leistung« zu bringen, bis ihr Akku leer ist. Von Maschinen und nicht mehr von Geschöpfen voller Leben, Leidenschaft, Abneigung und Begehren.

Auch ich war ein solcher Roboter, doch ich habe mir die Zeit genommen, den Menschen in mir kennenzulernen, mir im Alltag zuzusehen, was ich tat. Ich erkannte die Rollen, hinter denen ich mich versteckte, Charakteren vergleichbar, wie sie die Masken im antiken Theater darstellen. Wer bin ich? Chef oder Angestellter, verheiratet oder ledig, jung oder alt, fleißig oder faul, Akademiker oder Handwerker? Stück für Stück identifizierte ich die diversen Rollenbilder, die mir im Kopf herumspukten und denen ich vergeblich gerecht zu werden versuchte. Das alles waren Selbstbilder ohne jeden realen Hintergrund, Idealvorstellungen, die ich mir aus Büchern, Filmen und Zeitschriften zusammengezimmert hatte. Irgendwann hatte ich sie dann für bare Münze genommen und wollte ihnen auf Gedeih und Verderb gerecht werden.

So wurde ich zum Forscher, der in sein eigenes Inneres vordrang. Und entdeckte zu meinem Erstaunen ein vollkommen jungfräuliches Terrain. Das war für mich ein Abenteuer, das große Abenteuer der Selbsterforschung, des Vordringens in unzugängliches Gelände gänzlich ohne Ziel und Zweck. Ich gestattete mir, auf diesem Terrain frei herumzuschweifen: Wann und wo bin ich am meisten Mensch? Wann und wo bin ich am glücklichsten? Wann und wo bin ich wirklich ich selbst? Unser Leben hat uns so einiges zu erzählen, nur haben wir uns angewöhnt, es zum Schweigen zu bringen. Und so habe ich ausgelotet, wer ich eigentlich bin: ein Mensch, nicht unbedingt vollkommen, aber immerhin er selbst. Der ganz klar Fehler hat, aber auch Vorzüge. Ein Mensch, der sehr viel komplexer ist als die Bilder, die er in der Hoffnung auf ein bisschen lächerliche Anerkennung in die Außenwelt projiziert hat, Bilder, mit denen er sich am Ende vollkommen identifiziert hat. Ich habe den Fluch, der auf Dornröschen lag, abgeschüttelt, doch damit war meine Geschichte noch nicht zu Ende: denn jeden Tag gibt mein Leben mir neue Antworten auf die immer neuen Fragen, die ich mir stelle. Denn zum Glück bin ich – sind wir – Wesen, die sich ständig ändern und weiterentwickeln. Doch wir nehmen diese Veränderungen nicht zur Kenntnis, misstrauen ihnen höchstens und verharren lieber in der starren Vorstellung von uns selbst. Darum ist das narzisstische Erwachen auch nichts, was mit einem Mal erledigt wäre, sondern ein Prozess, auf den man sich wieder und wieder einlassen muss.

Die erste Lektion, die Narziss mir aufgab, war, mich selbst zu erkennen. Seine zweite, nicht minder überraschende Lehre war, dass ich das Recht hatte, ganz der zu sein, der ich bin, und damit glücklich zu sein. Grundlos glücklich, bedingungslos glücklich. Hier und jetzt, sofort, ohne schlechtes Gewissen, ohne Scham- und Schuldgefühle.

In unserer westlichen Kultur ist Glück so etwas wie die Kirsche auf dem Kuchen. Um an sie heranzukommen, müssen wir erst mal einen Kuchen backen, das heißt uns aufopfern, schuften, tun, was sich gehört. Aber zur Belohnung ereilt uns dann hinterher das Glück: als erleichtertes »Uff«, das uns entfährt ... sobald wir unsere Pflicht (erfolgreich) erfüllt haben. Oder als Platz im Himmel, wenn wir ein mustergültiges Leben geführt haben, wie das Christentum und viele andere Religionen behaupten. Oder überhaupt erst in künftigen Generationen, wenn wir für das Gemeinwohl und das Vaterland etwas geleistet haben, wie der Kommunismus das von uns verlangt. Oder, wenn wir genug Geld gescheffelt haben, als großes Haus, schickes Auto, Markenkleidung und Südseeurlaub, wie der Kapitalismus verspricht. Doch oft genug kriegen wir nicht mal den Kuchen zu kosten. Und die Kirsche schon gar nicht ...

Diese Sicht hat sich durch die Diktatur der Leistung etabliert, die die Industrienationen beherrscht. Gemeinsam bilden sie einen verheerenden Cocktail, der uns langsam, aber sicher zu vergiften droht: Wir sind fest davon überzeugt, dass wir alles immer noch steigern können (einen besseren Kuchen backen, bessere sportliche Leistungen erbringen, ein besseres Zeugnis erhalten, einen besseren Arbeitsvertrag aushandeln, ein schöneres Auto fahren) und dass wir nur durch Müh' und Plag' vorwärtskommen. Wir kommen gar nicht auf die Idee, dass der gegenwärtige Moment vollkommen sein könnte, und leben deshalb mit dem ständig nagenden Gefühl der Unzufriedenheit: Nein, es ist nie gut genug. Ja, es geht immer noch besser. Zufrieden sein? Womit denn bitte? Der Gedanke, dass Arbeit Spaß machen könnte, statt Stress verursachen, Freude statt Angst schenken, scheint uns hochgradig verdächtig: Das trifft doch nur auf Leute zu, die sich nicht wirklich Mühe geben, auf faules Pack, auf Nieten und Versager, vielleicht noch auf Künstler. Für die anderen steht geschrieben: »Im Schweiße deines Angesichts sollst du dein Brot essen, bis du zurückkehrst zum Ackerboden; von ihm bist du ja genommen.«[4] Unter Stress zu stehen und überlastet zu sein ist zum Ausweis von Kompetenz geworden. Verkehrte Welt.

Erst die Fortschritte der Positiven Psychologie haben es vermocht, diese alttestamentarische Vorstellung in uns allmählich aufzuweichen. Glück ist nicht die Kirsche auf dem Kuchen, sondern der Kuchen, den wir gerade backen. Glück ist weder Egoismus noch Kaltschnäuzigkeit, sondern die Voraussetzung für jeden Erfolg. Es macht uns misstrauisch, wenn jemand Herausforderungen freudig annimmt, statt ein besorgtes Gesicht aufzusetzen. Und wir weigern uns zuzugeben, was doch offen auf der Hand liegt: Die glänzendsten Siege sind vom Anfang bis zum Ende von Begeisterung und nicht von Angst getragen.

Mehr als einmal habe ich mit eigenen Ohren gehört, wie Eltern sich besorgt äußerten, wenn ihre Kinder, die in den Vorbereitungsklassen für die Elitehochschulen büffeln, sich nicht über die allzu hohen Anforderungen beklagten. In ihren Augen war der Erfolg bei den an-

4 Moses 3,19, in: *Die Bibel*, Stuttgart 1980, S. 7.

schließenden Zulassungsprüfungen direkt proportional zum erfahrenen Leidensdruck. Die Studenten wiederum haben diese angebliche Gesetzmäßigkeit derart verinnerlicht, dass sie nicht oder selten laut zu sagen wagen, dass sie schlicht Unsinn ist. »Ja, es ist wirklich sehr schwer«, ist die Antwort, die man von ihnen erwartet, um ruhig schlafen zu können. Trotzdem haben die besten Erfolgsaussichten jene Studenten, die sich die Erlaubnis gegeben haben, am Lernen Spaß zu haben. Sie haben sich von dem Funken in sich tragen lassen. Sie haben selbst in den schwierigsten Situationen nie die Verbindung zu ihren tiefsten Wünschen verloren – zu *ihren* Wünschen wohlgemerkt, nicht zu denen ihrer Eltern oder Lehrer. Sie waren narzisstisch und haben sich aus Narzissmus für diese Vorbereitungsklassen entschieden. Weil sie darauf Lust hatten. Sicher haben auch sie schlaflose Nächte verbracht, haben gepaukt und das Beste gehofft. Aber das Beste für sie selbst, also das, was ihrer innersten Natur entsprach.

Ich jedenfalls habe Stück für Stück aufgehört, mich von der Strömung des Lebens einfach nur mittragen zu lassen. Ich wollte mein Leben *leben*. Ich wollte mich nicht länger mit kurzen Glücksmomenten zufriedengeben, nach denen ich schnappte, wenn sie mir ab und an vor der Nase herumbaumelten. Ich habe ihnen den Strom der Begeisterung vorgezogen, den Strom der Existenz. Je weiter ich die Augen öffnete, desto mehr wurde ich mir bestimmter, mitunter banal scheinender Dinge bewusst, denen ich lange keine Aufmerksamkeit geschenkt hatte. Das gute Brot, das mein Bäcker macht? Er bäckt Brot wie alle Bäcker, trotzdem schmeckt seines besser. Liegt es vielleicht daran, dass er mit der

Freude an seiner Arbeit auch ein wenig von seiner Seele mit hineinknetet? Und der Lehrer, von dem alle sagen, dass er gut ist? Er hält sich wie seine Kollegen genau an den Lehrplan, doch fließt in seinen Unterricht auch seine Freude, seine Begeisterung am Lehrersein ein. Er hat diesen Beruf nicht aus Pflichtgefühl gewählt oder weil er glaubt, sich opfern zu müssen. Das hebt ihn über den Durchschnitt und lässt ihn brillant werden. Wenn jemand sich erlaubt, glücklich zu sein und sein Glück zu genießen, so finden wir das immer noch höchst verdächtig. Aber das ist kein Fehler, sondern die Grundvoraussetzung für den Erfolg: eine Eigenschaft, die unsere Arbeit, unser Dasein, ja sogar unsere Mußestunden gelingen lässt. Denn glücklich zu sein ist nicht einfach nur schön und gut. Es ist vor allem die Bedingung, die jede Art von Erfolg überhaupt erst ermöglicht.

Die Art von Glück, die Narziss mich gelehrt hat, hat nichts zu tun mit dümmlicher Selbstzufriedenheit. Es ist nicht das »Sei glücklich!«, das uns Medien, Werbung, Industrie und eine dem Konsumrausch ergebene Gesellschaft als oberstes Gebot und billigen Ersatz für echtes Glück und wirkliches Wohlbefinden rund um die Uhr verkaufen wollen. Narziss befiehlt uns schließlich nichts, er lädt uns ein.

An manchen Abenden sitze ich bis spät nachts am Schreibtisch und bin glücklich dabei. Dann trägt mich ein inneres Hochgefühl, zu dem ich ohne Scham stehe, wenn bestimmte Leute mit mitleidigem Blick sagen: »Der Ärmste, ständig muss er schuften ...« Diese Art von Glück stellt sich nicht ein, weil man sich gehen lässt oder sich weigert, sich anzustrengen. Ganz im Gegenteil, es ist eben das, was mich wachsen und gedeihen lässt. Es geht dabei auch nicht darum, dauernd und um jeden Preis wonnetrunken zu sein. Sondern darum zu wissen, worauf ich ein Anrecht habe. Und das ist eine massive Umkehr unseres üblichen Blicks aufs Dasein. Ich bin glücklich, wenn ich der bin, der ich im Innersten bin. Wenn ich ganz ich selbst bin, wenn ich mich nicht aus Angst verstelle, wenn ich mich nicht zum Schein Konventionen beuge, nur um gut anzukommen. Das ist die dritte Lektion, die Narziss mich gelehrt hat. Es erfordert viel Unterscheidungsvermögen und Einsicht, um wirklich zu erkennen, wer man ist. Ich habe gelernt mir zuzuhören, ohne mich zu verurteilen, einfach nur voller Aufmerksamkeit, während ich meditierte – aber der Weg, den ich gegangen bin, ist keineswegs der einzig mögliche. Ich bin diesem Pfad ohne Hast gefolgt und je mehr ich über mich herausfand, desto besser konnte ich in Übereinstimmung mit meinem Ich leben. Ich betrachtete es nicht länger als etwas, wovor ich mich fürchten oder wofür ich mich schämen müsste. Ich lebte in Frieden mit mir selbst. Alles, was das Leben mir später geschenkt hat, wäre nicht möglich gewesen, hätte ich nicht gelernt, mir zuzuhören.

Wir haben das große Glück, in einer Gesellschaft zu leben, in der nicht mehr der Anpassungsdruck früherer Zeiten herrscht und die sehr viel toleranter ist als andere moderne Kulturen. Sie erlaubt uns, frei von Zwängen durch Gruppen, Gesellschaft oder Familie zu leben, wer und was wir sind. Damit verbindet sich aber zugleich für jeden von uns die Herausforderung, von dieser einmaligen Freiheit Gebrauch zu machen und unsere Einzigartigkeit, oder besser gesagt unsere Einzigartigkeiten, wirklich zu leben.

So kann ich heute zum Beispiel mit meinem Lebensgefährten in ein Restaurant gehen, ohne des Lokals verwiesen zu werden oder im Gefängnis zu landen. Das ist unbestreitbar ein sozialer Fortschritt. Trotzdem war es zuvor von meiner Seite aus nötig, dass ich in mich hineinhorche und erkenne, dass ich schwul bin. Ich musste – allen abfälligen Bemerkungen meiner Mitschüler und den Vorurteilen meiner Eltern zum Trotz – erst Frieden schließen mit meiner Homosexualität und mir erlauben, der zu sein, der ich bin, um dann in einem narzisstischen Akt die Festlegung auf diese Identität überwinden zu können. Ich fühle jetzt weder das Bedürfnis, sie zu verbergen, noch sie demonstrativ zur Schau zu stellen. Es gibt sie, und das ist alles. Ich habe mich so geliebt, wie ich bin. Auf dieselbe Art, wie Eltern ihr Kind so annehmen, wie es ist.

Was ich bin, erschöpft sich nicht in meiner Homosexualität. Wie alle Menschen besitze ich ungenutzte Ressourcen und Möglichkeiten; Knospen, die das Leben in mir treibt und die ich ständig neu entdecke, akzeptiere und nähre, damit sie wachsen und sich entfalten können. Und manchmal überraschen uns diese Knospen, weil sie so gar nicht zu dem Bild passen wollen, das wir uns von uns selbst zurechtgezimmert haben und das wir zu verkörpern glauben. So musste ein Freund von mir, ein Finanzmanager, sich mit einer Seite von sich aussöhnen, die er, unter dem Druck des Umfelds, in dem er sich bewegt, zuerst nicht akzeptieren konnte: der Liebe zur Dichtung. Er schreibt gern Gedichte, vielleicht nicht die besten, und er zeigt sie auch nicht jedem. Doch durch die einfache Tatsache, dass er sich dem Gedichteschreiben frei und ernsthaft hingibt, hat sein Leben neuen Schwung, neue Lust und Freude erfahren. Laufen, kochen, unterrichten, lernen, helfen: Wir alle besitzen Talente und Fähigkeiten, die wir nur nähren müssen, um sie gedeihen zu sehen.

Der amerikanische Psychiater Milton Erickson wurde einmal an das Krankenbett einer Frau gerufen, die unter schweren Depressionen litt. Sie lebte am Rand eines Dörfchens in einem großen Haus, das sie seit Jahren nur zum Kirchenbesuch verließ. Das Haus wirkte geradezu ausgestorben. Das einzige Zeichen von Leben, das ihm ins Auge fiel, war der knospende Ableger eines Veilchens. Nun sind aber Veilchen schwer durch Stecklinge zu vermehren, weil dazu sehr viel Erfahrung und Aufmerksamkeit nötig sind. Als er sich von seiner Patientin verabschiedete, stellte er ihr eine merkwürdige Aufgabe, die sie wortwörtlich befolgen sollte: sich zehn Veilchenstöcke und ebenso viele leere Blumentöpfe zu besorgen. Die weitere Therapie bestand darin, dass sie in den leeren Töpfen Veilchenstecklinge ziehen und den Mitgliedern ihrer Kirchengemeinde zu verschiedenen Anlässen wie Hochzeit, Geburt oder Taufe eines Kindes, Krankheit oder Genesung schenken sollte. Die Frau befolgte das Rezept und ihr ganzes bisheriges Leben wurde umgekrempelt.

Sie hatte sich immer für eine komplette Versagerin gehalten. Sie verabscheute sich und dachte, dass niemand sie mochte oder mit ihr reden wollte. Und tatsächlich redete auch niemand mit ihr. Nun hätte ihr Psychiater Stunden damit zubringen können, ihr zu versichern, dass sie eine gutaussehende, intelligente Frau sei, ein bisschen so, wie es die erwähnte kalifornische Taskforce machen würde, um ihre Selbstachtung zu fördern. Gebracht hätte das allerdings wenig. Sie wäre weiter allein mit ihrer Depression und ihrer tiefen Selbstverachtung geblieben.

Das Ziehen von Veilchenstecklingen war die einzige Beschäftigung, die ihr wirklich Freude machte (und worin sie eben deshalb wirklich gut war). In ihren Augen war das nicht mehr als ein belangloser Zeitvertreib. Durch die Anweisung ihres Psychiaters, die Stecklinge zu verschenken, bekam dieser Zeitvertreib aber plötzlich einen Sinn, und sie vermochte die Pflänzchen mehr zu würdigen. So wurde das Stecklingziehen zur Wurzel ihres narzisstischen Selbsterwachens. Steckling um Steckling nährte diese Frau einen lebendigen Impuls, den sie immer schon in sich getragen hatte. Sie lernte, diese Fähigkeit, diese besondere Begabung anzuerkennen. Und sie erlaubte sich zu sein, wie sie war.

Im Gegenzug für die Stecklinge, die sie verschenkte, bekam sie viel Anerkennung und Worte der Bewunderung, die langsam, aber sicher ihr Selbstvertrauen stärkten. Bald hatte sie genug Mut, um sich ihren Mitmenschen in ihrer Einzigartigkeit zu öffnen, und es entwickelten sich erste Freundschaften. Sie entdeckte, wer sie war, lernte, sich zu lieben, und zu ihrer großen Freude konnte sie bald auch Liebe geben. Wie der Prinz einst Dornröschen, so hatte Milton Erickson diese Frau »wachgeküsst«. Der Fluch war von ihr genommen. Als sie viele Jahre später starb, war sie in ihrem Heimatdorf zu einer allseits beliebten und geschätzten Frau geworden. Ihre Depressionen aber gehörten der Vergangenheit an.

Sich Narziss zum Vorbild zu nehmen hat nichts mit Theorie zu tun. Es handelt sich dabei weder um einen neuen coolen Spruch noch um eine Selbsterfahrungsmethode oder eine Anleitung zum Glücklichsein. Narziss ist ein Bild, das wir selbst und aus freien Stücken mit Leben füllen müssen, ist Musik, die zur Heilung wird, weil sie in uns etwas anspricht, weil sie uns anspornt, nicht stehenzubleiben, sondern nach diesem Etwas zu suchen und es zu nähren, auf dass es sich entfalten kann. Narziss ist kein Wunschdenken (»Sei glücklich!«, »Such dir Freunde!«, »Entspanne dich!«), das uns nur massiv unter Druck setzen würde. Narziss ist eine Einladung, uns selbst zu vertrauen und uns in aller Sanftheit auf den Weg der Umwandlung und der Vollendung zu begeben.

4

Sokrates, Jesus und Lou Andreas-Salomé

Du sollst deinen Nächsten lieben wie dich selbst.

Matthäus 22,39[5]

Ich bin genial, echt genial, wie ich täglich (oder beinahe täglich) feststellen kann, und ich werde das auch nicht aus falscher Scham für mich behalten. Denn wenn ich sage, dass ich genial bin, so lade ich damit weder die Schuld des Hochmuts auf mich noch laufe ich Gefahr, mich mehr als andere in dem zu suhlen, was angeblich die großen Laster unserer Zeit sind: in Individualismus und Egoismus, die wir scheinbar zu unseren höchsten Werten ernannt haben. Wofür der Beweis übrigens noch aussteht.

Mir ist bewusst, dass ich mit einer solchen Behauptung gängige Moralvorstellungen verletze, Moralvorstellungen, die nicht zulassen, dass wir uns selbst Genie oder andere Qualitäten zusprechen, und seien sie noch so bescheiden. Aber ich habe jede Menge Qualitäten, und natürlich auch jede Menge Fehler. Ich bin weder Einstein noch Martin Luther King, ich bin nicht voll-

5 *Die Bibel*, Stuttgart 1980, S. 1111.

kommen und habe nebenbei gesagt auch gar nicht vor, es zu werden. Aber ich habe Genie.

»Ich bin genial« ist ein Satz, der verstört und entweder Betretenheit oder Empörung auslöst. Und Debatten mit bestimmten Leuten nach sich zieht, die mir – mehr oder weniger heftig – vorwerfen, mich mit einer solchen Aussage gegen die Lehren der Weisen aller Zeiten zu stellen und unser gesamtes spirituelles und philosophisches Erbe mit Füßen zu treten. Wie man mir erklärt, halte es eher zur Selbstaufopferung an als zur Selbstliebe, dazu, uns für unsere Mitmenschen, Gott oder was weiß ich einzusetzen, statt uns selbst auf die Schulter zu klopfen. Kurz gesagt: Wenn ich von mir behaupte, ich sei genial, dann sei das moralisch verwerflich und obendrein geschmacklos und engherzig.

Irrtum! Tatsächlich ist es die große Errungenschaft abendländischer Vernunft, dass sie dem Einzelnen das Recht zubilligt, sein innewohnendes Genie zu erkennen und sich zu lieben. Diesbezüglich haben uns unsere größten Weisen einzigartige Lehren hinterlassen, die wir jedoch aus einem epochalen Missverständnis heraus vollkommen verdreht haben. Heraus kam ein totes, abstraktes, nur um sich selbst kreisendes Wissen. Sie haben zu uns von Liebe gesprochen, wir aber halten ihnen unsere engherzigen Ideen von Aufopferung und Selbsthass entgegen. Ihre Aufforderung, uns und unsere Talente zu entfalten, haben wir in den Wind geschlagen und singen stattdessen das Hohelied von Schuld, Zerknirschung und Selbstkasteiung. Wir haben Verrat an ihnen geübt.

Fünf Jahrhunderte vor unserer Zeitrechnung begann mit Sokrates, dem Begründer abendländischer Weis-

heit, die philosophische Reflexion, das heißt, ein grundlegendes Nachdenken über das menschliche Leben.
Sokrates ist einer der bedeutendsten Denker, dennoch
hat er sich nie als Autorität verstanden. Im Gegensatz
zu den sophistischen Schulmeistern seiner Zeit hat er
nie behauptet, über höheres Wissen zu verfügen. Er
sagte stets, dass er nichts zu lehren habe. Er stelle
vielmehr Fragen. Doch wandte er sich mit seinen Fragen nicht primär an Fachleute oder »Weise«, sondern
schnappte sich irgendwelche Leute auf öffentlichen Plät-
zen, egal, ob arm oder reich, alt oder jung. Im *Menon*
zum Beispiel diskutierte er mit einem Sklaven über
Tugend. Sokrates drängte den »Mann von der Straße«,
der sich für »nichts Besonderes« hielt, sich wie Narziss
in der Quelle zu betrachten, um sich selbst zu erkennen
und sein ihm innewohnendes Genie zu entdecken.

Wir haben das geistige Erbe dieses großen Philosophen mit Füßen getreten, indem wir ihn zum Intellektuellen gemacht haben. Doch seine Methode war die
emotionale Erschütterung. Das einzige Vermächtnis,
das uns von ihm blieb, sind seine Dialoge, die Platon
für uns niedergeschrieben hat. In einem dieser Dialoge
richtet er das Wort an Alkibiades, einen Jüngling mit
in jeder Hinsicht glänzenden Aussichten – heute würde
man vielleicht sagen: einen ambitionierten jungen
Mann. Alkibiades sieht gut aus, ist reich, umschwärmt
und ehrgeizig. Und so hat er für diesen hässlichen, zer-
lumpten alten Knacker, der es wagt, ihn anzusprechen,
zunächst nur einen verächtlichen Blick übrig. Alkibiades
hält sich aufgrund dessen, was er besitzt – Schönheit,
gute Abstammung, viele Sklaven und ein prächtiges
Haus –, für einen freien und glücklichen Menschen. Er

glaubt, sich zu lieben. Sokrates versucht nun, seine Gewissheiten zu erschüttern, ihm zu helfen, in sein wahres Zuhause, in sich selbst, zurückzufinden. Er bringt ihn dazu, sich bewusst zu machen, dass er nur Äußerlichkeiten liebt, ein Bild, das andere sehen und das ihren Neid erweckt, aber letztlich nur Täuschung ist. In Wahrheit liebt Alkibiades sich nicht, aus dem einfachen Grund, weil er sich nie begegnet ist: Er weiß nicht, wer er wirklich ist und was er wirklich will.

Sokrates lädt Alkibiades nicht zur Nabelschau ein, sondern fordert ihn auf, konkret das zu tun, was in den Giebel des Tempels von Delphi eingemeißelt steht: »Erkenne dich selbst.« Es geht nicht um Selbstbewunderung, sondern um Selbstbefragung. Also darum, sich selbst auf den Prüfstand zu stellen, um zu wirklicher Erfüllung und wahrem Glück zu finden. Er zeigt ihm auf, dass das große Übel des Menschen in seiner Selbstvernachlässigung liegt. »Es erscheint mir absurd, Fremdes begreifen zu wollen, solange ich mich selbst nicht kenne«, sagt Sokrates über sich im *Phaidros*. Und er bringt den jungen ehrgeizigen Mann dazu, durch eigene Einsicht zu erkennen, was er selbst schon weiß: Man kann in seinem Umfeld und auch in der Politik – denn darauf zielt Alkibiades ja ab – nichts Gutes bewirken, wenn man nicht zuvor erkannt hat, was für einen selbst gut ist. Sokrates lädt uns mit größtem Nachdruck ein, narzisstisch zu sein, denn Narzissmus ist die Kunst, in sich selbst hineinzublicken, zu verstehen, wer man ist, um sich für den anderen und die Gemeinschaft öffnen zu können.

Trotzdem halten wir nach wie vor dem sokratischen »Was willst du wirklich?« unsere Vorstellung von der

Selbstaufopferung entgegen und glauben uns dabei auch noch im Recht. Uns interessiert nicht, was wir selbst wollen, sondern was der andere will und was wir ihm geben werden. Das geht so weit, dass für uns eigenes und fremdes Wollen ununterscheidbar verschmelzen. Wir begeben uns freiwillig in einen finsteren Tunnel und tasten uns blind vorwärts.

Damit erheben wir unsere Art zu sein, unsere Blindheit, zum Modell. Diese gefährliche, furchterregende Blindheit ist es, die schließlich Gestalten wie einen Adolf Eichmann hervorbringt, den NS-Funktionär, dem 1962 in Jerusalem der Prozess gemacht wurde.

Ich hätte mir den Mann, der zur logistischen Verwirklichung der »Endlösung« die Transporte in die Lager bis ins Kleinste geplant hatte, gern als fleischgewordenes Ungeheuer, angetrieben von grenzenloser Eigenliebe und grenzenlosem Judenhass, vorgestellt. Doch im Laufe des Prozesses zeigte sich, was Eichmann tatsächlich war: eine erbärmliche Gestalt, ein kleiner Handlanger von abgrundtiefer Mittelmäßigkeit und sich selbst völlig fremd. Er hatte sich darauf beschränkt, Befehlen zu gehorchen, und verstand selbst beim Prozess noch nicht, warum die Leute ihm deshalb Vorwürfe machten. Doch die Befehle, die er ausführte, waren das Todesurteil für Millionen von Menschen. Hätte man ihm stattdessen befohlen, Pralinen herzustellen, wäre das für ihn ein und dasselbe gewesen: In seinen Augen zählte nur, dass man die übertragene Aufgabe so gut wie möglich erledigte. Worin sie bestand, war unerheblich. Er identifizierte sich nur mit dem, wofür seine Uniform stand, das Leid der anderen ging ihn nichts an. Er hielt sich nicht für intelligent, nur für jemanden, der seine Pflicht erfüllt. Für Juden empfand er noch nicht einmal Verachtung: Sie waren für ihn schlicht inexistent. Gerade weil Eichmann *kein* Narzisst war, hatte er zu nichts und niemandem eine menschliche Bindung. Er war nicht mehr als eine Maschine.

Die Einladung des Sokrates will die Eichmanns dieser Welt verhindern, will die Millionen und Milliarden kleiner Roboter verhindern, die tagein, tagaus gewissenhaft ihre Pflicht tun und nie hinterfragen, was sie da eigentlich tun. Die Befehle blind ausführen und sich nicht dafür interessieren, ob diese Befehle richtig oder sinnvoll sind und was der dahinterstehende Zweck ist. Ohne Narzissmus, das heißt, ohne sich zu betrachten, akzeptieren sie Entfremdung und Unterwerfung. Sie – wir – sind wie Roboter, die in blindem Gehorsam nicht minder blinden Befehlen folgen und schließlich in der Sackgasse landen, wo sie nichts Gutes mehr bewirken können. Nicht für sich selbst, nicht für die anderen, nicht für die Gemeinschaft.

Unter der Ägide des Sokrates war die Beschäftigung mit Philosophie eine erhellende, eine narzisstische Erfahrung, die niemanden ausschloss, weil jedem Menschen Genie und Geist innewohnen. Philosophie war eine Einladung zu wachsen und nach dem Guten zu streben. Nach Sokrates kehrten wir zurück zu hochgradig theoretischen Überlegungen und der Vermittlung intellektueller Verstrebungen, zu dem blutleeren Philosophieunterricht, den ich in den Hörsälen genießen durfte. Der aber hat nicht das Geringste mit dem Streben nach Weisheit zu tun, und Weisheit ist es, wonach mich dürstet.

Doch Sokrates ist nicht der Einzige, der unter die Räder unserer blinden Intellektfixierung geraten ist. Wie ihm erging es auch Jesus und seinen Lehren, denen im Laufe der Jahrhunderte massiv Gewalt angetan wurde von Theologen, die in seinem Namen sprachen und in deren trockenen Dogmen sein lebendiges Wort versickerte. An der katholischen Schule, an der meine Eltern mich eingeschrieben hatten, bekam ich ein strenges, von den Kirchenvätern ererbtes Weltbild vermittelt, das sich auf feste Regeln bzw. auf die Achtung dieser Regeln gründete. Ich lernte Gut und Böse kennen vor dem Hintergrund eines Moralsystems, das es nicht zu hinterfragen, sondern einzig und allein zu befolgen galt. Ich lernte auch, dass Eigenliebe die Liebe zu Gott schmälert – gerade so, als wäre die Liebe wie ein Kuchen: Je mehr ich runterschneide, desto weniger bleibt notgedrungen übrig.

Die Evangelien habe ich erst mit dreißig gelesen. Eigenständig und nicht aus dem Blickwinkel, den die Kirche vorgab. Aus meiner Schulzeit war mir Jesus eher als eine Art Knecht Ruprecht in Erinnerung geblieben, nun entdeckte ich auf einmal einen Menschen, der sich weigerte, sich blind Normen und Moralvorschriften zu beugen, wenn man ihn damit konfrontierte. Ich hatte von ihm das Bild eines gestrengen Mannes, der im Bewusstsein seiner Gottessohnschaft gelehrt sein Wissen verkündete. Stattdessen sah ich mich nun einem begeisterten, zutiefst narzisstischen Menschen gegenüber. Einem Jesus, der wollte, dass jeder Mensch erkennt, wie sehr er Liebe verdient – nicht, weil er eine besondere Leistung erbracht hat, sondern einfach, weil er ein Mensch ist.

Erhebe dein Haupt und gehe deines Weges, sagt er zu den Sündern, den Dirnen und Zöllnern. Er spricht mit der Frau aus Samaria, die einem verfeindeten Volksstamm angehört und nach den damals herrschenden Vorstellungen eine Frau von zweifelhafter Moral ist. Fünf Ehemänner hatte sie schon, und mit Mann Nummer sechs, mit dem sie jetzt zusammenlebt, ist sie nicht verheiratet. Sie schämt sich und hat Schuldgefühle. Jesus bittet sie, für ihn Wasser aus dem Brunnen zu schöpfen, und verstößt damit gegen die Reinheitsgebote seiner Zeit. Er gibt ihr ihre Würde zurück. Er zeigt ihr, dass sie liebenswert ist, so wie sie ist. Dass sie es verdient, geliebt zu werden, einfach so, unabhängig von ihrem Maß an Verdiensten oder anderen Gründen. Einfach, weil sie ist.

An der Botschaft Jesu gibt es nichts zu rütteln und zu deuten: »Du sollst deinen Nächsten lieben wie dich selbst.« (Matthäus 22,39) Dieses unmissverständliche Gebot findet sich wortwörtlich im Alten Testament, nämlich im 3. Buch Mose, 19,18.[6] Seinen Nächsten zu lieben setzt somit voraus, dass man sich selbst liebt. Die mystische Philosophin und Jüdin Simone Weil (die sich als Christin verstand, auch wenn sie sich nie taufen ließ), die sich intensiv mit theologischen Texten auseinandergesetzt und sie interpretiert hat, sagte einmal als Kommentar zu diesem wunderbaren Satz, dass es ein Verstoß gegen die Vernunft sei, seinen Nächsten mehr zu lieben als sich selbst und sich selbst außer Acht zu lassen. Gegenüber ihren Studenten in Bourges beharrte sie darauf, dass Selbstliebe eine natürliche

6 *Die Bibel*, Stuttgart 1980, S. 114.

Form der Liebe sei und die Nicht-Anerkennung der Selbstliebe eine Form des Wahnsinns.

Durch welchen bösen Fluch aber wurde aus der Selbstliebe, die vom Alten wie vom Neuen Testament gepriesen wird, der Selbsthass? Vierhundert Jahre nach Jesus wird das Denken des Kirchenvaters und Bischofs Augustinus von Hippo durch die Schriften Plotins beeinflusst, der gut einhundert Jahre vor ihm gelebt hat. Der griechisch-römische Philosoph und Mystiker Plotin sieht in der menschlichen Person, im Individuum, das Haupthindernis bei der Suche nach Weisheit und der Verschmelzung mit dem Einen, dem Ursprung aller Dinge, im jüdisch-christlichen Denken »Gott« genannt. Augustinus hat der christlichen Theologie nachhaltig seinen Stempel aufgedrückt, als er diejenigen anprangerte, die sich von der Liebe zum höchsten und unwandelbaren Gut abwenden, »weil sie eitel geworden sind in ihren Gedanken, und ihr unverständiges Herz ward verfinstert«.[7] Aus seinem Munde stammt auch das berühmte Gebet: »Du immer gleicher Gott, lass mich mich erkennen, lass mich dich erkennen. Mach, dass ich nichts begehre außer Dir, dass ich mich hasse, Dich aber liebe.«

Im Gefolge des Heiligen Augustinus übten sich die Theologen mit viel Fleiß darin, die ursprünglichen Lehren Jesu zu verbiegen, und ein dicker, alles erstickender Bleimantel legte sich über seine Botschaft. Sich zu lieben, narzisstisch zu sein, war von nun an etwas höchst Anstößiges, ja der Ursprung jeglicher Sünde. Der hei-

7 Augustinus, *Der Gottesstaat*, 14, 28, in: Bibliothek der Kirchenväter, 1. Reihe, Bd. 1, München 1911.

lige Thomas von Aquin beklagt im 13. Jahrhundert die »fehlende Tugend der Demut«. Mangelnde Demut ist eine schwere Verfehlung, ein Auflehnen gegen Gott. Danach gerät der Begriff »Narzissmus« zunächst einmal in Vergessenheit, bis ihn der deutsche Psychiater Paul Näcke im Jahr 1899 wieder in den Wortschatz einführt, um damit eine Form der »Perversion« zu bezeichnen, die einen Mensch den eigenen Körper als Objekt sexuellen Begehrens betrachten lässt.

Zu Beginn des 20. Jahrhunderts mischte dann eine Frau die Karten neu. Lou Andreas-Salomé, die der russischen Aristokratie entstammte, erlangte bleibenden Ruhm nicht zuletzt aufgrund der Tatsache, dass Nietzsche und später Rilke sich in sie verliebten, sowie wegen ihrer langjährigen Freundschaft mit Freud, der sie eine »Versteherin par excellence« nannte. Aus ihrer Feder stammt der meisterhafte Aufsatz »Narzißmus als Doppelrichtung«. Dieser revolutionäre, fast schon skandalöse Text fand jedoch kaum Beachtung. Als Ursache dafür dürfen wir wohl Frauenfeindlichkeit annehmen.

Auf der Grundlage ihrer jahrelangen Erfahrungen im europäischen Künstlermilieu und speziell ihrer Beziehung zu Rilke wagt Lou Andreas-Salomé die Behauptung, dass der Narzissmus, das heißt die Selbstliebe, die Grundbedingung für inneren Frieden ist. Sobald man mit sich Frieden geschlossen hat, kann man furchtlos in sein Innerstes eintauchen und mit der uns innewohnenden Quelle des Lebens, unserem Menschsein, Verbindung aufnehmen. Keiner, so sagt sie, könne von sich behaupten, wirklich zu leben, wenn er nicht mit dieser Quelle verbunden ist. Ohne dieses Band ist weder der schöpferische Akt denkbar noch die Öffnung zum anderen hin, zu dem, was jenseits von mir und allem ist. Der Narzissmus ist somit der erste Schritt zur »Wiederverschmelzung mit allem«, wie sie es nennt, zu dem, was unserem Genie erlaubt, sich zu entfalten: »[Wo das Narzißtische im Menschen] zu geschwächt dem realgerichteten Urteil unterliegt, da bringen selbst dessen beste, glücklichste Erfolge keinen wirklichen Frohmut zustande.«[8] In diesem Fall kann ich nicht über mich hinauswachsen.

Freud hat mit Lou Andreas-Salomé lange Gespräche über dieses Thema geführt. Er verwendet den Begriff »Narzissmus« für ein frühes Stadium in der Entwicklung der Libido, der treibenden Energie des Menschen. Dem Vater der Psychoanalyse zufolge durchläuft jedes Kind eine narzisstische Phase, innerhalb der es seine Persönlichkeit und seine Sexualität strukturiert und Eigenständigkeit und Selbstvertrauen entwickelt. Dieses Entwicklungsstadium müsse, so Freud, überwunden werden, damit die Libido sich auf eine andere Person richten könne.

Doch im Praxisalltag der Psychoanalytiker wird die klassische Freud'sche Lehre mehr und mehr infrage gestellt. Narzisstische Selbstzuwendung ist mittlerweile in der Therapie von Patienten mit hohem Leidensdruck, speziell bei Patienten, die an Süchten leiden oder ihr Leben als sinnlos und gescheitert empfinden, eine häufig eingesetzte Behandlungsmethode. Die Idee dahinter ist, wie mir ein Psychoanalytiker erklärte, dem Patienten dabei zu helfen, sich selbst zu begegnen und hinter

8 Lou Andreas-Salomé, »Der Narzißmus als Doppelrichtung«, in: *Imago. Zeitschrift für Anwendung der Psychoanalyse auf die Geisteswissenschaften*, VII, 1921, S. 371.

der vermeintlich gescheiterten Person einen liebenswerten Menschen mit vielfältigen Ressourcen zu entdecken. Das, so fügte er hinzu, sei der einzige Weg, den Fluch zu bannen.

Narzissmus heilt, wie Sokrates und Jesus erkannt haben. Wir haben diese Wahrheit mitsamt ihren Lehren unter den Teppich gekehrt, ja ins Gegenteil verkehrt. Im Narzissmus sehen wir nur einen bedenklichen Rückzug in uns selbst auf Kosten der Wirklichkeit, die uns umgibt. Mit anderen Worten: Wenn ich mich liebe, laufe ich Gefahr, für andere Menschen keine Liebe mehr zu empfinden. Womit wir wieder bei der absurden Theorie von dem Stück Kuchen wären, das sich nicht teilen lässt ...

5

Selbstzerfleischung ist ein Verbrechen

Du selbst zu sein, in einer Welt, die dich ständig
anders haben will, ist die größte Leistung.

Ralph Waldo Emerson

Als junger Erwachsener begriff ich langsam, dass man
durchaus lernen kann, sich selbst zu lieben. Doch dachte
ich geraume Zeit, dass man zu dem Zweck versuchen
müsse, nett zu sich selbst zu sein. Das schien mir keine
so schwierige Angelegenheit: Ich müsste mir zum Beispiel nur von Zeit zu Zeit vorsagen, dass ich gut aus-
sehe oder intelligent bin. Mir erlauben, ein bisschen
länger Pause zu machen als üblich, oder mir zur Ent-
spannung einen Abend im Kino gönnen. Kurz, ich
glaubte, ich müsste so eine Art Wellness-Programm für
mich selbst aufstellen. (Unter »Wellness« läuft ja heute
alles, vom Kurzurlaub im sonnigen Süden bis hin zur
Spa-Industrie. Tatsächlich ist »Wellness« heute einer
der lukrativsten Wirtschaftszweige überhaupt.) Nachdem ich mir meine Belohnung spendiert hätte, könnte
es dann ruhig so weitergehen wie gehabt.

Leider hat das nicht funktioniert. Ich hielt mich trotz
allem nicht für gutaussehend oder intelligent. Ich war

fest entschlossen, mich zu lieben, aber ich konnte diese Liebe nicht fühlen. Ich bewegte mich weiter auf vermintem Gelände, schikanierte mich selbst und verachtete mich. Rein intellektuell hatte ich das Gebot der Selbstliebe verinnerlicht. Was ich nicht begriffen hatte, war, dass es ein grobes Missverständnis ist, wenn wir diese Einladung lediglich mechanisch befolgen.

Das wurde mir erst sehr viel später bewusst, als ich bei strömendem Regen ohne Kopfbedeckung unterwegs war und auf mich einschimpfte, wie man nur derart blöd sein könne. Die Wettervorhersage hatte Gewitter gemeldet, doch ich hatte meinen Schirm zu Hause vergessen. Und so kam ich nass bis auf die Knochen im Büro an – und überhäuft mit wüsten Beschimpfungen. An dem Tag habe ich nur zum Spaß mal mitgezählt, wie oft ich so auf mich einhackte. Und musste mir eingestehen, dass ich meiner Person gegenüber recht unleidlich war. Gegenüber jedem anderen Menschen hätte ich so ein Verhalten empörend gefunden, aber da es ja nur gegen mich ging, schien das voll in Ordnung.

Sich bewusst zu machen, wie man mit sich selbst umgeht, ist der erste und unverzichtbare Schritt zur Selbstliebe. Und so beobachtete ich mich aufs Genaueste: Ich schaltete den Computer aus, ohne meine Änderungen vorher zu speichern, sodass die ganze Arbeit verloren war: Du unfähiger Vollidiot! Wäre das meinem Kollegen passiert, hätte ich gesagt:»Oh je, du Ärmster, aber vielleicht kann man die Daten ja irgendwie wiederherstellen.« Ich vergaß, Salat fürs Abendessen zu kaufen, und rügte mich für meine Vergesslichkeit. Gebetsmühlenartig leierte ich herunter: Du Schwachkopf, du Schussel. Hätte mein Partner vergessen, Salat mitzubringen, dann hätte ich zu ihm gesagt:»Ist doch nicht so schlimm!« Was ja stimmte, zumal wir noch Tomaten im Kühlschrank hatten. Nach einem anstrengenden Tag im Büro wütete ich: Du fauler Sack. Statt hier auf dem Sofa rumzuhängen, solltest du lieber die Wäsche machen oder dein Zimmer aufräumen.

Aus der Rückschau betrachtet bin mit mir so umgegangen wie jene Paare, bei denen der Mann (oder auch die Frau) zum anderen ohne Anflug von schlechtem Gewissen sagt:»Natürlich liebe ich dich«, während er ihn gleichzeitig ständig bekrittelt: Der Kaffee ist alle (und das ist deine Schuld). Die Kinder haben sich schlecht benommen (das liegt an deiner schlechten Erziehung). Gestern Abend bei unseren Freunden hast du dich mal wieder unmöglich aufgeführt. Hättest du dich nur ein bisschen angestrengt, dann hättest du diese Beförderung bekommen. Warum bist du nicht so gut angezogen wie die anderen? Du warst ja nicht gerade ein Hauptgewinn.

Ich habe mich wie der Chefankläger in einem der für die Sowjetunion unter Stalin oder das heutige Nordkorea typischen Schauprozesse benommen. Meine Aufgabe war, vom Angeklagten ein öffentliches Schuldbekenntnis zu erzwingen, ohne ihm mildernde Umstände zuzubilligen. Und dabei zählen sämtliche Vergehen, selbst die eingebildeten, gleich: Es handelt sich immer um Schwerstverbrechen.

Ich schikanierte mich selbst, weil ich überzeugt war, das einzige Mittel, um mich zum Positiven zu verändern, seien Fußtritte und Peitschenhiebe. Natürlich fand die Veränderung zum Positiven nicht statt. Heute wissen die Pädagogen, dass Angst und Demütigung nichts fruchten. Ein Kind, das man auf diese Weise unter

Druck setzt, wird sich nicht positiv entwickeln, ganz im Gegenteil. Es wird immer wieder die gleichen und immer mehr Fehler machen. Wiederholt und über längere Zeit gemobbt zu werden, kann nicht nur emotionale, sondern auch kognitive Störungen verursachen. Ein Mensch, der ständig erniedrigt und demontiert wird, reagiert mit massiver Verunsicherung, was sich negativ auf seine Leistungen auswirkt. Und genau dasselbe passiert mit uns, wenn wir grausam mit uns selbst umspringen. Doch wir weigern uns, die negativen Konsequenzen zu sehen.

Wir sind unsere eigenen stalinistischen Chefankläger. Natürlich mache ich manchmal Dinge falsch. Aber ist das ein Grund, mich selbst mit einer Aggressivität zu attackieren, wie ich das nie bei einem anderen Menschen tun würde? Nehmen wir an, ich habe einen Wutanfall oder benehme mich scheußlich. Ich kann das bereuen, mich entschuldigen und versuchen, meinen Fehler so weit wie möglich wiedergutzumachen. Das muss ich sogar, denn dieses Verhalten ist meiner nicht würdig. Doch muss ich wirklich meine Fehler endlos wiederkäuen, mich kleinmachen und für einen unverbesserlichen Versager halten? Auf diese Weise verhindere ich nicht nur, dass ich mich weiterentwickle, ich mache mich auch noch fertig.

Wir nehmen uns nicht nur übel, was wir tun, sondern auch, was wir sind. Wir verkennen nicht nur unsere Stärken, wir lassen auch noch zu, dass unsere Schwächen uns den Blick darauf verstellen. Einer meiner Freunde, der auf Online-Dating-Seiten unterwegs war, weil er dort eine verwandte Seele zu finden hoffte, schilderte mir, wie sehr ihn das, was er dabei erlebte, entsetzt hätte. Die meisten Frauen sprachen ihn schon zu Beginn des ersten Rendezvous darauf an, dass sie sicher nicht dem entsprächen, was er sich erhofft hätte. Sie rechtfertigten sich dafür, dass sie mit ihren fünfundvierzig oder fünfzig Jahren noch Singles waren und damit in ihren Augen Versagerinnen. Sie waren überzeugt, irgendwie etwas falsch gemacht zu haben, und hassten sich im Grunde für das, was sie zu sein glaubten: nicht hübsch, nicht schlank, nicht intelligent genug. Sie fanden es schlimm, online auf Partnersuche gehen zu müssen, um nicht länger einsam zu sein. Statt bei ihrem ersten Rendezvous einfach dem Leben zu vertrauen, waren sie durch die Bank fest davon überzeugt, nicht liebenswert zu sein und von niemandem je geliebt werden zu können. Single bleiben zu müssen war etwas, das sie irgendwie verdient hatten. Doch ganz ehrlich, hätten sie dasselbe gedacht, wenn es um eine Freundin in einer ähnlichen Situation gegangen wäre? Solche Dates konnten ja nur schiefgehen.

Das Terrorregime, dem wir uns aussetzen, lässt uns zu allem Überfluss auch noch ungerecht werden. Erstens uns selbst gegenüber, weil wir uns (als stalinistische Chefankläger par excellence) jede Menge Fehler und Mängel zum Vorwurf machen, mit Sicherheit sehr viel mehr, als wir tatsächlich haben. Zweitens anderen gegenüber, wenn wir aus einem kindischen Reflex heraus versuchen, jede Verantwortung von uns abzuwälzen in dem lächerlichen Bemühen, unserer Selbstbestrafung zu entgehen:»Ich kann nichts dafür, das ist alles seine Schuld.« Wir schlagen uns geistig herum mit wahr und falsch, mit wichtig und nebensächlich. Diese ständige Selbstquälerei macht uns blind.

Weil wir uns selbst schlechtmachen und wüst mit uns umspringen, lassen wir zu, dass andere uns genauso schlecht behandeln. Wie viele von uns sind immer noch fest davon überzeugt, nicht liebenswert zu sein, nichts zu können und nichts zu taugen und deshalb auch nichts Besseres verdient zu haben? Wie viele verzichten deshalb darauf, glücklich zu sein, zu lieben und geliebt zu werden? Ich bin Single bzw. an einen Partner gekettet, der mir nicht guttut, ich bin arbeitslos: Ich bringe es einfach nicht und drum geschieht es mir nur recht. Und weil wir kein Vertrauen in uns, in unsere Fähigkeiten, ins Leben haben, darum wagen wir nicht, Nein zu sagen.

Diese Gnadenlosigkeit im Umgang mit uns selbst ist eine Gewohnheit, etwas, das wir ganz mechanisch tun, ohne uns dessen überhaupt bewusst zu werden. Verrückt! Aber auch etwas, das man von uns verlangt. Ein Freund von mir, der im Marketing tätig ist, bekam jedes Jahr ein bestimmtes Umsatzziel vorgegeben, das natürlich von Jahr zu Jahr höher wurde. Doch trotz aller Schwierigkeiten gelang es ihm, die Vorgaben stets zu erfüllen. Daraus zog er große Befriedigung, denn er hatte schließlich einiges geschafft. Dann aber setzte ihm die Firma keine Umsatzziele mehr. Plötzlich gab es keine Obergrenze mehr für das, was er sich abverlangte, doch damit war auch das frühere Gefühl, eine schwierige Aufgabe gemeistert zu haben, weg.

Dieses »immer mehr und noch mehr«, dem wir uns gern aussetzen, führte dazu, dass er alle Forderungen erfüllte, die von außen an ihn herangetragen wurden. Er setzte in seiner Arbeit keine Prioritäten mehr und schuftete nur stur drauflos. Bis er ins Bett fiel, checkte er seine Mails und seine Anrufe – tagein, tagaus, jedes Wochenende und sogar im Urlaub. Er fürchtete, mittelmäßig zu werden, wenn er auch nur ein bisschen lockerließe. Im Grunde hatte er ständig das Gefühl, unfähig zu sein, und musste sich daher ununterbrochen beweisen, dass er sehr wohl etwas konnte. Vom Mittelmaß war er weit entfernt, doch er empfand sich so, und so peitschte er sich dauernd vorwärts.

Dabei ist mein Freund kein Einzelfall! Wir alle führen einen Dauerkrieg gegen uns selbst, beuten uns aus und machen uns heftige Vorwürfe, wenn wir es wagen, mal einen Gang runterzuschalten. Wir haben den Anspruch total verinnerlicht, alles immer noch besser zu machen, noch mehr leisten zu können – bis es am Ende zum Burn-out kommt. Und meist trifft diese Überleister-Krankheit gerade besonders begabte Menschen, die zum Preis der völligen Selbstaufgabe ihr Bestes geben und sämtliche, vor allem ihre eigenen, Erwartungen erfüllen wollen. Doch nicht einmal diese maximale Selbstausbeutung vermag unsere tiefsitzende Überzeugung zu erschüttern, zu schwach und den Anforderungen nicht gewachsen zu sein. Und der Druck von außen verstärkt den Druck, den wir uns selbst machen. Gleichgültig, was wir leisten und zustande bringen, wir haben stets das Gefühl, nicht genug zu tun.

Die Rettung für meinen Freund kam in Gestalt eines Arztes, den er wegen seiner Rückenschmerzen konsultierte. Dieser erkannte die wahre und wirklich gravierende Ursache seiner Beschwerden: Burn-out. Muss ich an dieser Stelle daran erinnern, dass hierzulande pro Jahr mehrere Zehntausend Menschen an den Folgen von etwas sterben, das wir endlich als das bezeichnen sollten, was es ist: eine Krankheit? Mein Freund hat Monate gebraucht, bis er wieder auf die Beine kam und aufhörte, sich als Maschine zum Generieren von Umsätzen zu betrachten.

Unter Anleitung eines Spezialisten lernte er wieder zu schlafen, nachdem er zuvor in einem Zustand der Überperformance selbst nachts nie wirklich ein Auge zugetan hatte. Ich habe ihn auf dem Weg zu mehr Selbstliebe begleitet. Er fürchtete zwar zunächst, ich wolle ihm beibringen, sich selbst schönzutun, doch ich habe mit ihm ausschließlich über Gerechtigkeit gesprochen. Der erste Schritt war, die Tretminen zu entschärfen, die er heimlich, ohne es zu merken, überall verteilte, wohin er seinen Fuß setzte. Es galt offenzulegen, wie er sich im Alltag auf tausendfache Weise schikanierte. So lernte er allmählich, sich selbst zu spüren, sich zuzuhören, mit anderen Worten: narzisstisch zu sein. Er erlaubte sich zu entdecken, dass er Qualitäten besaß, die ihm andere längst zusprachen, für die er selbst aber blind war, die er nicht erkennen wollte. Irgendwann konnte er sich eingestehen, dass er so mittelmäßig gar nicht war. Er fing an, Vertrauen zu sich zu fassen und sich zu lieben, wie man sein eigenes Kind lieben würde.

Nach ein paar Wochen fing er wieder an zu arbeiten. Er verlangte nach wie vor viel von sich, doch nun klopfte er sich wenigstens nicht mehr dauernd auf die Finger, wie das die Schulmeister vergangener Zeiten taten. Er arbeitete jetzt nicht weniger, aber effizienter, das heißt nicht mehr so lange. Fehler, die ihm hin und wieder vielleicht unterliefen, musste er nun nicht mehr verleugnen, weil er sich nicht mehr vor sich selbst schützen musste. Wenn ich mich mag, kann ich zugeben, dass ich einen Fehler gemacht habe, ohne mich deshalb weniger zu schätzen. Meine Fehler zuzugeben ist ohnehin etwas, das ich mir selbst schuldig bin. Als ich diesen Fehler machte, bin ich dem wunderbaren Menschen, der ich bin, nicht gerecht geworden. Doch entschuldige ich mich nicht für meine angebliche Unfähigkeit: Ich entschuldige mich vielmehr dafür, dass ich nicht in Übereinstimmung mit dem gehandelt habe, was ich bin. Ich bitte den anderen um Entschuldigung, doch ich muss genauso mich selbst um Entschuldigung bitten, weil ich es an Respekt mir gegenüber fehlen ließ.

Mein Freund schaffte es, sich aus seinen Automatismen zu lösen, die sein Verhalten zur Gänze bestimmt und ihn von seinen Ressourcen, seinem Genie, abgeschnitten hatten. Er lief nicht mehr irgendeinem Idealbild nach, das mit dem realen Leben nichts zu tun hatte, sondern erlaubte sich, er selbst zu sein mit allen Ansprüchen und Bedürfnissen, auch mit dem Verlangen, Herausragendes zu leisten. Er vertraute der Quelle des Lebens, die wir alle trotz oder dank unserer Unvollkommenheiten in uns tragen. Unlängst sagte er mir, und das war nur zur Hälfte ein Scherz, dass er sich jetzt täglich selbst verblüffe.

Ich bin immer wieder zutiefst erstaunt, wenn ich unsere Experten behaupten höre, unsere Epoche sei das Zeitalter von »König Subjekt«, seines Zeichens Egozentriker und Narzisst und primär ums eigene Wohlergehen besorgt. Denn ich vermag »König Subjekt« nirgends zu erblicken. Vielmehr sehe ich überall Klone meines Freundes, die in einer Abwärtsspirale des Leidens feststecken. Sie leiden und wagen es nicht, sich ihr Unglück einzugestehen, weil sie das als weiteren Mangel empfinden würden. Es sind Menschen, die sich vielleicht als Respektspersonen betrachten, aber unfähig sind, sich selbst zu achten. Ich sehe nicht »König Subjekt«, sondern Menschen, die Märtyrer sind und Opfer ihrer selbst. Menschen, die unfähig sind innezuhalten, sich zuzuhören, eine Beziehung zu sich selbst herzustellen, sich zu lieben – Nein zu sagen.

6

Sich die eigene Unvollkommenheit verzeihen

Es gibt nur eine Liebe: die Selbstliebe.
Simone Weil[9]

Ich lebe nun schon seit einigen Jahren mit einem Mann zusammen, der weit davon entfernt ist, perfekt zu sein. Er selbst wirft sich vor, sich auf dem sozialen Parkett nur ungeschickt bewegen zu können. Seiner Ansicht nach habe ihn das gehindert, sich zu verwirklichen und sein ganzes Potenzial zu entfalten. Doch nähme man ihm dieses »Linkisch-Sein«, nähme man ihm damit auch seine unglaubliche Sanftmut, die so ungeheuer beruhigend wirkt und ihm im realen Leben ermöglicht hat, sich eine eigenständige berufliche Existenz aufzubauen. Ich kenne seine Fehler, aber auch seine Stärken. Sie sind letztlich zwei Seiten derselben Medaille: er. Ich liebe diese Medaille so, wie sie ist, und weil sie ist, wie sie ist. Ich liebe sie mit ihren beiden Seiten, die ein Ganzes bilden.

Meine Großmutter kannte meine schwachen Seiten nur allzu gut. Sie wusste, dass ich ein schlechter Schü-

9 Simone Weil, *Oeuvres complètes*, Band VI, 2, Paris 1997, S. 271.

ler war, ein Kind, das ein bisschen merkwürdig, manchmal unbeholfen und oft einsam war. Ein Kind, das nicht rennen und mit anderen Kindern spielen konnte. Sie wusste auch, wie unglücklich ich war, weil ich mich für eine Flasche hielt und mich ärgerte, dass meine Emotionen mich ständig am Wickel hatten und ich sie einfach nicht loswerden konnte. Doch sie sah auch den Dichter und Künstler in mir, den wachen Jungen, der sich für alles interessierte. Sie liebte mich so, wie ich war, mit all meinen Eigenheiten, das heißt mit meinen Schwächen und Stärken, den beiden Seiten meiner Persönlichkeit. Sie sah in mir nicht mehr, als ich war. Sie stellte mich nicht aufs Podest, doch sie betrachtete mich mit wohlwollendem Blick, der mir sagte: »Du schaffst es. Hab Vertrauen.« Dieser Blick verschaffte mir Erleichterung, und wenn ich mir heute, viele Jahre nach ihrem Tod, diesen Blick in Erinnerung rufe, fühle ich immer noch, wie er mich bestärkt und tröstet.

Auch meine Großmutter war alles andere als perfekt. Nur knapp der Shoah entgangen, hat sie den Verlust ihrer ganzen Familie, die zusammengetrieben und ins KZ deportiert worden war, nie verwunden. Sie sprach nie über diese Dinge, konnte sich aber auch nie von der Vergangenheit lösen. Mir war egal, dass sie anders war: Ich liebte sie zutiefst und von ganzem Herzen. Für mich war sie die beste Oma der Welt. Auch wenn mich ein paar ihrer Marotten ärgerten, hätte ich sie doch nie gegen eine andere Oma tauschen wollen! Sie selbst allerdings konnte sich ihre Schwächen nie verzeihen, so wie ich mir meine Unbeholfenheit nicht nachsehen konnte und mein Partner immer noch daran knabbert, dass er sich im Umgang mit anderen Menschen schwertut und glaubt, sich dafür entschuldigen zu müssen. Wir lieben andere Menschen für das, was sie sind und wie sie sind. Im Urteil über uns selbst dagegen kennen wir keine Gnade. Es ist uns unmöglich, uns so zu lieben, wie wir sind und für das, was wir sind. Das beweist schon ein einfacher Blick auf ein Gruppenfoto: Wieso sehen alle anderen so toll aus und ich bin so unattraktiv? Ständig nagen Schuldgefühle an uns, weil es uns nicht gelingt, so zu sein, wie wir glauben sein zu müssen.

Eine unserer Lieblingsbeschäftigungen ist es, uns mit anderen zu vergleichen: »Sie ist viel klüger als ich.« »Er hat einfach mehr Glück.« Doch wir vergleichen uns nicht nur mit den Menschen, mit denen wir im Alltag in Berührung kommen, sondern auch und vor allem mit Vorbildern. Ich will nicht nur so sein wie die anderen Männer bzw. Frauen im Schwimmbad oder im Büro, nein, ich möchte so aussehen wie die Models in den Hochglanzmagazinen, obwohl ich weiß, dass diese Bilder stark mit Photoshop aufgepeppt sind. Meine Beziehung? Ich träume von der perfekten Zweisamkeit, wie Romane, Filme und Illustrierte sie vermitteln. Dort habe ich mir auch das Bild des idealen Vaters abgeguckt oder der idealen Mutter, der/die stets locker und entspannt ist und den Kindern eine Gutenachtgeschichte vorliest, wenn er/sie die lieben Kleinen ohne Ärger ins Bett bringt. Ich bin aber nicht immer locker und entspannt und habe nicht jeden Abend Lust oder Zeit, ein Märchen vorzulesen. Ich bin kein idealer Vater/keine ideale Mutter: Das heißt doch im Umkehrschluss, dass ich ein schlechter Vater bzw. eine schlechte Mutter bin?

Auch wenn wir uns noch so sehr unter Druck setzen, wir werden nie dem Idealbild von Erfolg, Schönheit und Glück entsprechen, das uns irgendwelche Plastikmodels ständig vor die Nase halten, untermauert von den »Ratschlägen« von allerlei Psychologen und anderen Experten, die sich berufen fühlen, uns auf den Weg der »Normalität« zu führen. Ja, ich habe Wutanfälle bekommen in Situationen, über die wir mit gleichgültigem Lächeln hinweggehen sollten. Ich bin in Tränen ausgebrochen, wenn man mir genau das vorgeworfen hat. Nein, ich habe es nicht hinbekommen, »mal eben schnell« Aperitifs für fünfzehn Personen zu mixen. Ich habe auch nicht die Energie, eine halbe Stunde zu joggen, ehe ich ins Büro gehe. Und deshalb bin ich sauer auf mich.

Statt solche Dinge jedoch einfach zur Kenntnis zu nehmen und sie uns zu vergeben, lassen wir zu, dass Schuldgefühle an uns nagen wie ein Magengeschwür. Ständig tut uns irgendwas »leid«. Es tut uns leid, dass wir eine Mail nicht umgehend beantwortet haben. Es tut uns leid, dass wir das Abendessen nicht so hinbekommen haben, wie wir uns das vorgestellt haben. Es tut uns leid, dass wir vor lauter Arbeit keine Zeit hatten, einen Freund anzurufen. Wir erfinden dauernd neue Verfehlungen, als wäre unser Sündenregister nicht so schon lang genug, weil wir ständig der Meinung sind, unseren Pflichten nicht Genüge getan und nicht den letzten Blutstropfen gegeben zu haben. Es tut uns leid, dass ausgerechnet an dem Tag, an dem wir unseren Kollegen zum Essen ins Restaurant eingeladen haben, das Fischgericht von der Karte gestrichen wurde. Wir bitten dauernd um Entschuldigung und erwarten, dass die anderen uns vergeben – sogar für Fehler, die wir gar nicht gemacht haben. Wir haben das Gefühl, dass alles nur unsere Schuld ist.

Auch mir tun immer wieder und immer noch Dinge leid, die mit meinem Partner zu tun haben. Es tut mir leid, dass ich nicht so oft da bin, wie ich gern möchte. Es tut mir leid, dass ich mich nicht mehr engagiere. Es tut mir leid, dass ich mir keinen langen Urlaub gönne und dass ich manchmal sonntags arbeiten muss. Doch in meinem Innersten weiß ich auch, dass ich selbst dann, wenn ich gar nichts mehr tun würde und nur mit ihm zusammen wäre, immer noch denken würde, dass das zu wenig ist. Und das würde mir dann auch leidtun. Ich habe ihm das schon mehrmals gesagt, und er hat nur gelacht. Er findet, dass ich schon mehr als genug tue, und versteht gar nicht, wofür ich mich eigentlich entschuldige. Was sollte er mir jetzt eigentlich genau verzeihen?

Genauso glaubte ich lange, mich für meine Zeit als Gymnasiallehrer für Philosophie entschuldigen zu müssen. Ich war total überzeugt davon, dass mein Unterricht dürftig war. Ich ließ mich von ein paar Schülern einschüchtern, die kaum jünger waren als ich, und wenn die Stunde dann vorbei war, hatte ich das Gefühl, nur die Hälfte von dem gesagt zu haben, was ich hatte sagen wollen. So war ich gut zehn Jahre in meinen Schuldgefühlen eingelegt wie der Hering in der Salzlake, bis mir eines Tages ein paar meiner früheren Schüler wiederbegegneten und sich bedankten. Von meinen Ausführungen zu Platon oder Kant hatten sie nichts behalten, aber sie erinnerten sich noch, mit welcher Begeisterung ich gesprochen, mit wie viel Anteilnahme und Interesse ich sie angehalten hatte, über ihr

Leben nachzudenken. Ein paar hatten sich nach dem Philosophieunterricht am Gymnasium sogar entschlossen, Philosophie zu studieren. Das wusste ich gar nicht.

Ich selbst gehöre zu der Sorte Mensch, die ihre Schuldgefühle ausagieren, indem sie ständig über ihren »Fehlern« brüten und sich für alles entschuldigen. Andere reagieren mit Aggression, wenn sie sich schuldig fühlen. Sie befinden sich in einem dauernden Kriegszustand, ständig in der Defensive, wie ein brodelnder Vulkan kurz vor dem Ausbruch – sei es in Tränen oder in Wut. »Mit solchen Leuten ist einfach nicht auszukommen.« Dabei sind sie nicht mal auf ihr Gegenüber wütend, sondern auf sich selbst. Ständig hegen sie, ohne sich das einzugestehen, tiefe Schuldgefühle, weil sie meinen, unzulänglich, schlechter als andere, fehlerbeladen und kaputt zu sein. Sie stellen die Stacheln auf in der vergeblichen Hoffnung, sich so besser schützen zu können. Sie greifen an, bevor jemand anderer sie angreifen und sie mit all ihren Fehlern und Unzulänglichkeiten bloßstellen kann. Dahinter steht der unerfüllbare Wunsch, von anderen zu erlangen, was sie sich selbst nicht geben können: Vergebung.

Ich möchte hier auch mal ein Missverständnis klären, das mit dem Begriff »Vergebung« zusammenhängt. »Vergeben« heißt weder die Vergangenheit ausradieren noch sie leugnen. Als in Südafrika nach dem Ende der Apartheid die Wahrheits- und Versöhnungskommission ins Leben gerufen wurde, geschah das nicht mit dem Ziel, die Vergangenheit zu vergessen. Es ging auch nicht darum, die Geschehnisse zu rechtfertigen, ja, nicht einmal darum, sie zu verstehen, denn es gab schlicht nichts zu verstehen. Das Ziel, das man sich gesetzt hatte, reichte sehr viel tiefer und war sehr viel wichtiger für die Überlebenden auf beiden Seiten. Es ging darum, sich die Fehler der Vergangenheit bewusst zu machen, sie zuzugeben, um mit ihnen abzuschließen und ein neues Kapitel aufzuschlagen – was, um das noch einmal ganz klar zu sagen, nicht dasselbe ist wie sie komplett zu tilgen. Das war die Grundvoraussetzung, damit das Land als Ganzes aufhören konnte, in ständiger Angst zu leben.

Wenn ich mir meine Fehler bzw. Unzulänglichkeiten verzeihe, dann ist das kein Weißwaschen und kein Leugnen, ganz im Gegenteil. Ich versuche auch nicht, mir einzureden, dass »doch alles nicht so schlimm« sei oder dass ich mein Bestes getan und mir nichts vorzuwerfen hätte. Wie jeder aus eigener Erfahrung weiß, nutzen solche Ansätze gar nichts. Vielmehr krümmen wir uns noch mehr als vorher unter der Last unserer Schuldgefühle, weil wir »versagt« haben.

Ein Neffe von mir konnte sich nie verzeihen, dass er seine Frau betrogen hatte. Auch seine Frau konnte ihm nicht verzeihen. Und so wurde aus der Ehe, die sich immer mehr in den Schlingen von Schuldzuweisungen und Vorwürfen verfing, allmählich ein tödliches Geschwür. Jeder hält dem anderen das Bild vor, das dieser ihm widerspiegelt, und dieses Bild wird immer düsterer und belastender. Mein Neffe macht sich wirklich schwere Vorwürfe wegen seines Fehltritts, doch bei diesen Vorwürfen bleibt es dann und so gibt es in seinem Kopf nur noch Schuldgefühle. Er verharrt in seiner Selbstzerfleischung, lebt munter weiter in seinem Fehltritt, spielt ihn exzessiv immer wieder durch: »Ich bin so ein Idiot. Ich hätte nie der Versuchung eines Abends nachgeben dürfen. Wenn meine Frau mir jetzt die Hölle heiß macht, dann geschieht mir das nur recht.« So geht das nun schon seit Jahren.

Er hat seine Frau um Verzeihung gebeten, doch er selbst hat sich nie verziehen. Sich zu verzeihen ist nichts Abstraktes. Verzeihung geschieht nicht im Verstand, sondern in der Tiefe des Herzens, und das macht das Ganze umso schwieriger, weil ich dafür alle Hüllen fallen lassen muss: Ich kann mir nicht verzeihen, ohne an meine Verwundbarkeit, an meine Unvollkommenheit zu rühren und mich damit auseinanderzusetzen. Ich kann mir nicht vergeben, ohne die Verletzungen zu akzeptieren, die ich lieber ignoriert hätte. Ohne mich meiner wahren Persönlichkeit zu stellen, die weit entfernt ist von dem Ideal, dem ich gleichen möchte. Wenn ich mir mit jeder Faser böse bin, muss ich mir mit jeder Faser verzeihen. Ich muss mich mit mir selbst versöhnen, mit mir, mit diesem aufgeblasenen, armseligen, zaudernden, irrenden »Ich«, vor dessen näherer Bekanntschaft mir graut. Vergebung hat nichts mit Affirmationen und nichts mit Vorsätzen zu tun. Es handelt sich vielmehr um einen Prozess, bei dem ich lerne, mich als Mensch zu akzeptieren, als zerbrechliches Wesen mit Optimierungspotenzial.

Ich habe tausend Entschuldigungen erfunden, nur um meinen schwerkranken alten Onkel nicht am Krankenbett besuchen zu müssen, und so starb er, ohne dass ich ihn noch einmal gesehen habe. Das nehme ich mir ausgesprochen übel. Klar: »Ich hätte das nicht tun sollen.« Aber ich habe es nun mal getan. Und ich werde mir mein Verhalten so lange übel nehmen, bis ich herausgefunden habe, warum ich gekniffen habe, als es um den Besuch ging: weil ich Angst hatte, weil ich ein Egoist bin, weil da noch alter Groll war, der stärker war als mein guter Wille. Sich zu verzeihen heißt, sich in einem narzisstischen Akt in sich zu versenken und mit klarem Blick zu betrachten.

Doch selbst wenn ich mir verzeihen kann, lässt sich die Uhr nicht mehr zurückdrehen: Ich habe diesen Fehler begangen. Punkt. Aber statt mich in Schuldgefühlen festzufahren, lerne ich aus meinem Fehler. Ich wachse, statt zu verkümmern. Ich stelle mich neu auf, statt zuzulassen, dass die Vergangenheit mein Leben vergiftet. Ich versuche, das Ausmaß des Fehlers, den ich gemacht habe, einzuschätzen, mich zu ändern und einen neuen Abschnitt einzuläuten. Ich schließe Frieden mit mir, damit ich im Leben voranschreiten kann.

Ich vergebe mir, doch ich werde nie perfekt sein. Auch meine Unzulänglichkeiten sind ein Zeichen für mein Menschsein. Aber ich werde alles tun, um die Last meiner Schuldgefühle abzuwerfen. Ich werde mit jeder nutzlosen Selbstquälerei aufhören. Ich will nicht länger ein Leben führen, das von der Angst vor Fehlern und von der Reue des »Hätte ich doch nur ...« bestimmt ist. Ich werde mir erlauben, der zu sein, der ich bin, mit allen Stärken und Schwächen. Ich werde mich lieben, wie man sein Kind liebt, obwohl man weiß, dass es nicht vollkommen ist. Ich werde mir allzu menschliche Schwächen vergeben sowie die Tatsache, dass ich in mancherlei Hinsicht schlicht ein Versager bin. Ich werde mich in Frieden lassen, ohne dauernd Angst zu haben, dass mich dann niemand mehr mag. Ich werde dem Atem des Lebens gestatten, durch mich hindurchzufließen, und endlich die enorme Erleichterung erfahren, der zu sein, der ich bin. Zu denken, was ich denke, und zu tun, was ich tue.

Als ich mit dem Meditieren anfing, war mein Plan, zu einer besseren Ausführung meiner selbst zu werden. Ich selbst zu bleiben, abzüglich all dessen, was ich an mir nicht mochte und auf einer Liste erfasst hatte: meine Ungeduld, meine Ungeschicktheit, meinen Mangel an Vertrauen und meinen Jähzorn. Das alles waren für mich Fehler, und ich quälte mich selbst in der Hoffnung, mir diese Fehler abzutrainieren. Hat nicht geklappt.

Ich war mit diesem Ich höchst unzufrieden, und meine Erbitterung darüber hinderte mich daran, mich zu entfalten. Wie Jahresringe setzte ich eine Schicht von Schuldgefühlen nach der anderen an: weil ich meine Eltern enttäuscht hatte, weil ich hier aufbrausend und dort zu bescheiden gewesen war. Ich nahm mir meine Ecken und Kanten übel, und weil ich glaubte, dass sie mich blockieren, haben sie mich tatsächlich blockiert: Ich ließ mich von ihnen ausbremsen und warf ihnen genau dies vor: dass sie mich ausbremsten. Ich war von mir selbst zutiefst enttäuscht.

Lange hatten meine Schuldgefühle die besten Bedingungen, um zu wachsen und zu gedeihen: Ich brachte mich nicht in dem gewünschten Ausmaß in die von mir gegründete *École occidentale de méditation* ein. Ich war zu wenig für eine Freundin da in einer Zeit, als sie massive gesundheitliche Probleme hatte. Ich hatte mir beruflich eine gute Gelegenheit entgehen lassen. Ich verhielt mich ständig wie Picasso, der einem Bewunderer, der schwärmend vor einem seiner Bilder stand, enttäuscht entgegnete: »Ach nein, Sie hätten das Bild

76

sehen sollen, das ich *eigentlich* malen wollte, das war viel besser ...« Viel zu oft sind wir enttäuscht von dem, was wir tun: Immer ist es weniger als das, was wir hätten »tun können«, weniger als unsere Idealvorstellungen. Und das nehmen wir uns dann wieder übel: »Entschuldigung ...«

Die Meditation, mein Weg zum Narzissmus, hat *in mir* nichts verändert. Sie hat aber meine Beziehung *zu mir* selbst verändert. Das ist viel mehr. Ich habe mir vergeben, dass ich nicht perfekt und in vielfacher Hinsicht mittelmäßig bin, dass ich nicht immer meinen Bestrebungen gerecht wurde, dass ich dem abstrakten Idealbild nicht entsprach, das ich verinnerlicht hatte. Ich habe mich in all meiner Durchschnittlichkeit geliebt, als ich begriff, dass sie kein Schreckgespenst ist, sondern der Beleg für mein Menschsein. Ich habe aufgehört, mir selbst das Leben zu vergiften und mich zu quälen, ohne es zu merken. Ich habe mir vertraut, um voranzukommen. Ich habe mich wiedergefunden und konnte endlich etwas geben.

Ich bin nicht immer der ideale Ehegatte, der ideale Sohn, der Mensch ohne Fehl und Tadel. Ich werde keinem Idealbild gerecht. Ich mache Fehler, doch ich lerne, sie mit Nachsicht zu betrachten. Ich sehe sie mir an, ohne vor Angst gelähmt zu sein, ohne Angst vor den Folgen, ohne mich dafür zu bestrafen. Ich verstehe, warum ich diese Fehler gemacht habe, und verzeihe mir.

Und das ist, wie ich feststellen konnte, der einzige Weg, nie wieder zu vergessen, Kaffee zu kaufen ...

7

Geschichten von Fröschen und Stieren

*Wenn die Selbstliebe einen Menschen zum Zerr-
bild seiner selbst macht, so liegt das daran, dass
er noch nicht geboren ist, dass er noch keinem
Blick begegnet ist, der rein genug wäre, um sein
wahres Gesicht lieben zu können.*

Maurice Zundel

Tatsächlich musste der Begriff »Narzissmus« ungeachtet seiner wahren Bedeutung, deren Wurzeln im griechischen Mythos liegen, schon für alles Mögliche her-
halten. Eines der am weitesten von dieser Bedeutung
entfernten Narziss-Bilder findet sich im *Diagnostic and
Statistical Manual of Mental Disorders (DSM)*, einem
Klassifikationssystem für psychische Störungen, der
Bibel aller Psychiater. Dort wird der Narzissmus unter
der Kategorie »Persönlichkeitsstörungen« geführt. Als
Leitsymptom gilt ein übersteigertes Gefühl für die Bedeutung der eigenen Person, das sich in einem ebenso
übersteigerten Bedürfnis nach Bewunderung ausdrückt,
verbunden mit einem gewissen Realitätsverlust.

Das Paradebeispiel für einen Narzissten gemäß der
Definition des DSM dürfte wohl der amerikanische Prä-

sident Donald Trump sein. Einige Psychologen meinten gar, er passe so gut ins Bild, dass ein Amtsenthebungsverfahren angebracht wäre, weil er nicht fähig sei, die Pflichten seines Amtes zu erfüllen: Er verfüge über andere Menschen schlicht nach Gutdünken und beuge auch die Fakten entsprechend seinen persönlichen Vorstellungen. Den krassesten Beleg dafür lieferte Trump selbst bei seiner Amtseinführung: Wo die Luftbilder leere, mit weißen Planen abgedeckte Flächen zeigen, hat Trump eine Million Zuschauer »gesehen«. Und dabei lügt er noch nicht mal: Die Realität zur Kenntnis zu nehmen, also die mangelnde Anerkennung für seine Person, die sich im vergleichsweise mäßigen Zuschauerandrang niederschlug, wäre für ihn eine unerträgliche Kränkung, eine Erschütterung seines Selbstbilds. Also richtete er seinen Blick nicht auf die Abdeckplanen, sondern nur auf die Zuschauer vorne in den ersten Reihen, deren Anzahl sein Hirn dann nach Wunsch multiplizierte.

Das ganze Spektakel wurde für ihn fast zur Überlebensfrage. Denn anders als Narziss und im Gegensatz zu dem Bild, das wir uns von ihm machen, liebt Donald Trump sich nicht. Er weiß nicht, wer er ist, und das beunruhigt ihn ebenso, wie es ihn mit massiven Selbstzweifeln erfüllt. Er hat von sich das Bild eines grandiosen Menschen aufgebaut, und dieses Bild trägt er wie eine Rüstung vor sich her, die er ständig verstärken muss, weil er nicht zulassen kann, sich selbst zu begegnen. Er braucht dieses Bild wie eine zweite Haut, um sich vor seinem Ich zu schützen, das ihm Angst einjagt, eben weil er es nicht kennt.

Abgeschnitten von sich selbst findet er auch nicht zu

seinem Genie, selbst wenn er hundertmal von sich behauptet, ein Genie zu sein. Doch dieses Leitmotiv entbehrt jeder Grundlage und ist bar jeden Inhalts. Er kann sich auf das »Ich«, von dem er spricht, nicht vertrauensvoll stützen, weil er nichts darüber weiß. Und so muss er sich das, was er sich selbst nicht geben kann, bei anderen holen. Ständig giert er nach Beifall, hat ein unstillbares Bedürfnis nach Anerkennung. Er verlangt nach Bestätigung durch die Massen, will wissen, wie er in den Augen anderer dasteht. Daher sein zwanghaftes Getwittere, seine geifernden Attacken gegen Journalisten, Medien und jeden, der versucht, an seiner Rüstung zu kratzen und in seinen Harnisch auch nur das kleinste Loch zu schlagen. Das nimmt dann schon mal lächerliche Züge an. Noch als Präsident der größten Weltmacht kann Trump es nicht lassen, sich abfällig über Arnold Schwarzenegger, seinen Nachfolger bei der Reality-TV-Show »The Apprentice«, zu äußern. »Sagt mir, dass ich der Beste bin!«, tönt er armselig hinaus in die Welt.

In Wahrheit leidet Trump unter einem gravierenden Mangel an Narzissmus. Er hat dasselbe Problem wie der Frosch aus der Fabel, der absolut nichts Gutes an sich finden kann:

Ein Frosch sah einstmals einen Stier und war sehr angetan von der Gestalt.
Kaum größer als ein Ei, war doch voll Neid das Tier.
Es reckt sich mächtig hoch und bläht sich mit Gewalt,
weil es so gern so groß wie dieser wär'.
Drauf spricht es: »Bruder, sieh doch her, ist es genug?
Bin ich so groß wie du?« – »O nein!«
»Jetzt aber?« – »Nein!« – »Doch nun? Sag's mir!«

»Wie du dich auch ermattest, du wirst mir niemals gleich!«

Das arme kleine Tier bläht sich und bläht sich – bis es platzt.[10]

Wie der Frosch verachtet und verabscheut auch Trump sich selbst. Er möchte immer noch größer, reicher, mächtiger, verführerischer werden. Wundersamerweise hat er es tatsächlich geschafft, so groß wie ein Stier zu werden, doch die Rüstung, die er sich geschmiedet hat, verbirgt ihn vor sich selbst. Er hat immer noch nicht mitbekommen, dass er schon längst ein Stier ist, und so zielt sein ganzer Ehrgeiz darauf ab, einer zu werden. Darum muss er bei Gipfeltreffen andere Staatschefs zur Seite schieben, damit er auf dem Gruppenfoto auch ja ganz vorne steht: In der zweiten Reihe hat der Frosch Angst, hinter den Stieren zu verschwinden.

Trump, der Frosch aus der Fabel, und die anderen Frösche, denen wir jeden Tag begegnen, sind keine narzisstischen, sondern eitle Persönlichkeiten. Menschen, die sich nie selbst begegnet sind. Zu groß ist die Angst, dabei mit den eigenen Unzulänglichkeiten Bekanntschaft zu schließen. Allerdings lernen sie so auch ihre Stärken nie kennen – und sicher fehlt es ihnen, wie uns allen, nicht an Genie. Doch sie haben sich nie die Möglichkeit gegeben, es in sich zu entdecken. Sie erwarten von anderen, dass sie das Loch in ihrem Inneren stopfen, dass andere ihnen geben, was sie selbst in sich nicht zu finden wagen.

---

10   Jean de la Fontaine, »Der Frosch, der dem Stier an Größe gleichen wollte«, in: ders., *Sämtliche Fabeln*, Mannheim 2012, S. 14.

Die Frösche, die gern Stierformat erlangen möchten, greifen an, bevor man sie vielleicht bei einem Fehler ertappt. Sie arbeiten mit Einschüchterung, um Kritiker mundtot zu machen, ehe diese den Mund überhaupt öffnen können. Sie haben Wutanfälle, aber keine Gefühle. Ständig in der Defensive, leben sie mit sich selbst ebenso wenig in Frieden wie mit anderen Menschen. Sie sind nicht mehr als eine gepanzerte Hülle, von der sie nicht wissen, was sich darunter verbirgt – eine Rüstung, hinter der sie keine Zufriedenheit finden. Der Narzisst empfindet sich als reich, weil er der ist, der er ist. Der Eitle aber läuft vor sich davon. Er sondert sich von sich selbst ab und besetzt den Raum, jeden verfügbaren Raum um sich herum. Er überrollt jeden, der sich in diesen Raum hineinwagt, und vergiftet das Leben der Menschen, die mit ihm in Berührung kommen.

Die Eitelkeit ist ein in vielen Abstufungen verbreitetes Übel, das seine Ursache im Bruch der Person mit sich selbst hat, mit ihrem inneren Reichtum und ihrem Genie. Sein Hauptsymptom, das ich den »Weg des Frosches« nenne, ist ein unstillbares Verlangen nach Anerkennung, die dieses Nichtwissen um die eigenen Qualitäten ausgleichen soll. Und so hungert der »Frosch« danach, dass man ihm sagt, wie lieb er ist, wie klug er ist, wie gut er kocht, wie gut er seine Arbeit macht – und das in einem fort. Dabei interessiert ihn nicht, ob das Kompliment ehrlich gemeint ist, sondern nur, dass man ihm überhaupt ein Kompliment macht. Ich schmeichle dir, damit du mir schmeichelst. Der Narzisst sucht die Antwort in sich und hat genügend Selbstvertrauen, um sich die Frage nach seinem Wert nicht immer wieder stellen zu müssen. Der Eitle aber sucht woanders, zweifelt, sucht und sucht immer weiter.

Ich kannte mal so einen eitlen Persönlichkeitstyp, der immerhin klarsichtig genug war, dass er spürte, wie er seelisch litt – auch wenn er sich nicht erklären konnte, woher seine Probleme rührten. Er hatte eine chronische Angststörung entwickelt und versuchte, ihr mit allen möglichen Methoden und Therapien (die er wechselte wie andere Leute das Hemd) beizukommen, die er von irgendwelchen Pseudotherapeuten verordnet bekam. Bei den einen lernte er, tiefer zu atmen, die anderen versprachen ihm Erleichterung, wenn er nur täglich ein Viertelstündchen bestimmte Übungen machen würde. Einige verdonnerten ihn gar zu einer Ernährungsumstellung. Einmal hieß es, er vertrüge kein Gluten, ein andermal, er habe Laktoseintoleranz und dürfe weder Milch noch Milchprodukte zu sich nehmen. Doch keiner von ihnen kam auf die Idee, ihn schlicht bei der Hand zu nehmen und ihm zu helfen, diesen ebenso einfachen wie radikalen Weg zu gehen: mutig zu sich selbst zu stehen, in sich, in das eigene Zuhause zurückzukehren.

Je öfter sich die Therapien als nutzlos erwiesen, desto schlimmer wurde seine Angststörung und desto mehr klammerte er sich an seinen Panzer, an seine Eitelkeit. Allem »Du bist super!« zum Trotz kam er sich immer unbedeutender vor. Seine ganze Haltung drückte nur die eine flehende Bitte aus: »Sagt mir, dass ich etwas Besonderes bin!« Seine verzweifelte Suche nach Hilfe von außen war nachgerade mitleiderregend. Irgendwann beschloss er, noch eine weitere Technik auszuprobieren: die Meditation.

Er hatte mich kontaktiert, damit ich ihm einen exakt auf ihn abgestimmten Übungsplan mache: Wie viele Meditationssitzungen pro Woche würde er brauchen und wann könne er mit einer Verbesserung rechnen? Er war völlig von den Socken, ja fast schon beleidigt, als ich ihm sagte, dass Meditation für ihn nicht geeignet sei – zumindest nicht, wenn er auf diese Weise an sie herangehe. Stattdessen gab ich ihm erste Unterweisungen in Sachen Wohlwollen mit einer Übung, die sich »Liebende Güte« nennt. Meiner Ansicht nach brauchte er vor allem ein Gefühl der Sicherheit. Wie ein Kind im Dunkeln hatte er Angst, und zwar Angst vor sich selbst. Er fürchtete, ein Ungeheuer zu entdecken, wenn er in sich hineinsah. Aber Ungeheuer gibt es nur im Märchen. Im wirklichen Leben gibt es nur unvollkommene Wesen, mit Vorzügen ebenso gesegnet wie mit Mängeln. Als er sein Leiden klar erkennen konnte, konnte er sich auf den Weg der Heilung machen.

Trump dagegen hat sich vollkommen von sich selbst abgespalten. Er leidet, spürt das aber längst nicht mehr. Ich kannte mal eine Art Trump-Klon, das war einer meiner ersten Chefs und ein schrecklicher Egomane. Ich tummelte mich erst seit Kurzem auf dem Arbeitsmarkt und war dementsprechend willig. Und weil ich dachte, das müsse im Berufsleben so sein, hatte ich mir angewöhnt, ihn ständig zu loben und zu bestärken. Doch Bestätigung war für ihn wie eine harte Droge: Sie beruhigte ihn, solange die Wirkung anhielt. Das Problem war nur, dass sie bei ihm schnell nachließ ... Ich war ja ein bisschen ungeschickt und dazu noch recht eingeschüchtert, konnte ihm also nicht schaden. Die Kollegen aber, die wirklich gut waren, machte er gnadenlos fertig. Unterbewusst war er wohl überzeugt, dass sie eine Gefahr für ihn darstellten. Manchmal überlegte ich den ganzen Tag und die ganze Nacht, wie ich mich am nächsten Tag ihm gegenüber verhalten bzw. was ich sagen sollte. All das war extrem beängstigend.

Irgendwann dämmerte mir – auch wenn mir das nicht wirklich bewusst wurde –, dass ich meinen Chef nicht vor sich selbst retten konnte. Ich konnte seine emotionalen Defizite, seinen Mangel an Anerkennung nicht ausgleichen. Ich musste mich vielmehr selbst schützen und tat dies, indem ich mich in Frieden ließ. Ich gab beruflich mein Bestes, aus Respekt vor mir selbst. Zwei- oder dreimal bot ich ihm die Stirn und schenkte dem verächtlichen Blick, den er mir (wie allen seinen Mitarbeitern) zuwarf, keine Beachtung. Eine neue Art des Umgangs hatte sich etabliert: Das, was ich damals noch nicht meinen Narzissmus nannte, hat mich beschützt. Meine Schwächen konnten der Eitelkeit meines Chefs keine Nahrung mehr geben.

Ich möchte nun aber nicht, dass man die Eitelkeit, die Aufgeblasenheit solcher Frösche in einen Topf mit dem Stolz wirft. Eitelkeit ist einfach nur lächerliche Überheblichkeit. Das Gefühl von Stolz aber ist zur rechten Zeit durchaus legitim. Wie der Narzissmus wird auch der Stolz von verblendeten Moralaposteln, die uns verbieten wollen, uns selbst zu lieben und aus unseren Leistungen auch nur ein Fitzelchen Stolz zu ziehen, seit Jahrhunderten in Grund und Boden verdammt. Dem natürlichen Stolz auf eine Errungenschaft halten sie das Gebot der Demut und Bescheidenheit entgegen, der Selbst-Zurücknahme und Zerknirschung. Ist jemand stolz auf seine guten Noten, auf das besonders schmackhafte Gemüse aus seinem Garten, auf seine schicke Frisur, finden wir es auch heute noch ganz normal, ihm statt eines dicken Lobes ein: »Das geht noch besser!« ins Stammbuch zu schreiben. Damit werden wir aber kaum jemanden anspornen, noch eine Sprosse höher zu klettern. Wir riskieren vielmehr, dass er seine Hände resigniert in den Schoß sinken lässt.

Eitelkeit ist ein dauerndes, bohrendes Blindsein, das von einem Bruch mit dem eigenen Wesenskern rührt, mit der Quelle allen Lebens in uns. Sie ist auch und vor allem eine Art von Feigheit, von Jämmerlichkeit und Unterwerfung. Stolz dagegen ist das Resultat eines klaren Blicks auf sich selbst: Hier war ich rücksichtlos und habe einen Fehler gemacht, den ich in Ordnung bringen muss. Da habe ich mich ganz wacker geschlagen, dafür muss ich mich loben. Man muss mir nicht erzählen, wie toll ich bin. Ich weiß, dass ich etwas Tolles geleistet habe und es richtig war, bei der Stange zu bleiben. Wenn ich weiß, dass ich etwas geleistet habe, habe ich es nicht nötig, andere kleinzuhalten oder sie herabzusetzen. Ich bin nicht auf die bewundernden Blicke anderer angewiesen.

Stolz ist ein Akt des Vertrauens, des Vertrauens in das, wovon ich weiß, dass ich es tun muss, in das, was ich in mir fühle. Oft wirft man denen Stolz vor, die von einem inneren Feuer, einer Kraft getragen werden und etwas tun und Dinge bewegen wollen.

Keinen Stolz zu haben ist ein schmerzhafter Mangelzustand. Ein Trump buttert andere unter. Das »Mäuschen«, dessen Bescheidenheit und Demut man lobt, buttert sich selbst unter und spricht sich jedes Daseinsrecht ab. Es huscht an der Wand entlang und macht sich selbst schlecht. Es entschuldigt sich, dass es überhaupt auf der Welt ist, und hackt ständig auf sich ein. Spontan empfinden wir Mitgefühl mit ihm. Trotzdem ist sein Problem das gleiche wie das des eitlen Menschen: Auch das Mäuschen erwartet von anderen die Anerkennung, die es sich selbst nicht zu geben vermag – auch wenn es nie wagen würde, das so zu sagen. Das ist nicht nur in Bezug auf es selbst falsch, es ist auch falsch in Bezug auf andere, die so instrumentalisiert und von den ständigen Hilferufen schikaniert werden. Das sind sehr traurige, manchmal richtig perverse Spielchen, die da ablaufen.

Ich hatte immer ein sehr enges Verhältnis zu einer Freundin aus Kindertagen gehabt. Sie war meine »Herzensschwester« und eine großartige Frau, die nach dem Gymnasium kein Studium aufnahm, weil sie sich ganz um ihre Familie kümmern wollte. Immer, wenn wir uns trafen, war das wie ein Fest für mich – wir redeten wirklich von Herz zu Herz miteinander. Ich ging an die Uni, machte einen Abschluss in Philosophie und fing dann an, Bücher zu schreiben. Gleichzeitig sah ich, wie sie sich Schritt für Schritt von mir entfernte. Ich rief sie an, sie war jedes Mal kurz angebunden. Ich wusste, dass es zwischen uns nicht um Eifersucht ging. Ich wusste auch, dass sie unter dem Gefühl der Distanz, die sie nun zwischen uns legte, genauso litt wie ich. Eines Tages fragte ich sie direkt, warum sie unsere Beziehung auf Eis legte. Ihre Antwort kam prompt: »Du bist intelligent und schreibst jetzt Bücher. Ich gehöre nicht mehr in deine Welt. Das ist nicht meine Liga. Ich kann dir gar nichts bieten.« Obwohl ich mehrfach versuchte, ihr zu erklären, wie sehr ich sie mochte, wie sehr ich ihren liebevollen Blick auf die Dinge schätzte, ja brauchte, wollte sie mir nicht glauben.

Ich wusste, dass sie immer schon bescheiden, beinahe zu bescheiden gewesen war. Nun musste ich erkennen, dass sie ein »Mäuschen« war. Ich habe mit ihr diskutiert, sie daran erinnert, dass wir doch immer wie Pech und Schwefel gewesen waren, ihr immer wieder gesagt, dass es mir doch um sie ginge und nicht um ihren gesellschaftlichen Status, aber vergebens: Sie ließ sich nicht von ihrem Standpunkt abbringen. Dass sie nun aufgrund ihrer allzu großen Bescheidenheit, aufgrund dieses absoluten Mangels an Narzissmus, nicht mehr Teil meines Lebens ist, ist etwas, das mich heute noch sehr traurig macht. Bis heute fehlen mir unsere Gespräche und der Gedankenaustausch mit ihr. Diese Frau war so wunderbar, aber irgendwann hat sie aufgehört, sich an dem zu erfreuen, was sie ist und hat. Sie hat buchstäblich Angst davor, mit mir zu sprechen. Dieser Frosch wollte kein Stier werden, er hat sich als Ameise gesehen. Und zu seinem großen Unglück hat er den Spiegel des Narziss verloren ...

8

Ich: ein Wort und seine Fallstricke

Wir vertrauen unserem Einzigsein nicht.

Chögyam Trungpa

Ich meditiere seit mittlerweile dreißig Jahren. Vor zwanzig Jahren habe ich dann angefangen, Meditation zu unterrichten, und vor zehn Jahren habe ich die *École occidentale* gegründet, deren Ziel es ist, eine einfache, nicht religiös gebundene Form von Meditation zu lehren, die frei ist von allen Konzepten, welche den Einstieg in die Meditation erschweren.

Eines dieser Konzepte, das nahezu in allen Köpfen herumspukt, finde ich besonders schrecklich: »Du musst dein Ego abtöten.« Das Ego ist mittlerweile so eine Art Mülleimer geworden, in den wir unterschiedslos alles werfen: unsere Ängste, unsere Sorgen, unsere Mängel, unsere Reizbarkeit, unsere Fehler. Ich habe ein Problem? Kommt von meinem Ego. Ich hatte Streit mit einem Kollegen, ich habe mich über einen plumpen Witz geärgert, ich war gemein, ich war sauer, weil ich nicht ins Kino gehen konnte? Mea culpa, schon wieder mein Ego. Wenn ich meinen Seelenfrieden genießen will, muss ich dieses Ding also loswerden. Ich muss diese faule Stelle in mir herausschneiden. Sie lässt mein Leben als einzige Verfehlung erscheinen – enthebt mich aber, geben wir's ruhig zu, zugleich der Verantwortung für mein Handeln.

Viele, viel zu viele Menschen begeben sich in Ego-Tötungsabsicht auf den Weg der Meditation. Viele, viel zu viele Pseudogurus zeigen missbilligend mit dem Finger auf Menschen, die ihren Unmut erregen: »Du hast da ein kleines Problem mit deinem Ego.« Viele, viel zu viele Bücher über Spiritualität und Persönlichkeitsentfaltung erklären uns mit einer ganzen Reihe von Argumenten, dass wir aller Sorgen ledig auf dem Pfad der Glückseligkeit voranschreiten werden, sobald wir unser Ego niedergerungen haben.

Der mittelalterliche Mensch sah den Teufel aus jeder Ritze und Spalte lugen: Ob Wutanfall oder Schnupfen, ob Schnapsidee oder Streit, hinter allem steckte der Teufel. Wir machen uns heute über solche Vorstellungen lustig, doch wir haben einen neuen Allzweck-Sündenbock gefunden, auf dessen Rücken wir mit lässigem Schwung unsere gesamte Verantwortung abladen: das Ego. Wir stellen uns vor, dass dieser Übeltäter wie der Dämon früherer Tage in uns lauert und nur auf eine Gelegenheit wartet, um aus seinem Versteck hervorzuspringen und von uns Besitz zu ergreifen, wenn es uns nicht gelingt, ihm den Garaus zu machen. Diese Vorstellung vom Ich macht uns ebenso blind, wie die Idee von einem Teufel unsere Altvorderen blind machte.

Es stimmt, wir tragen schwer an einer fünfzehn Jahrhunderte alten Erblast. Jedes Mal, wenn ich den Kirchenvater Augustinus lese, bleibt mir ein übler Nachgeschmack zurück. Augustinus zog im 5. Jahrhundert gegen das »verachtenswerte Ich« zu Felde, und die harschen Worte, die er dafür fand, waren es, die im Wesentlichen seinen Ruhm begründeten und bestimmend wurden für unser Denken. Sein berühmt-berüchtigter Ausspruch: »der Mensch, Fleisch und Blut und hochmütige Fäulnis«[11] wurde im Verlauf der abendländischen Geschichte wiederholt aufgegriffen und auf grausame Weise variiert. So meint Thomas von Kempen in seinem *Buch von der Nachfolge Christi*, einem klassischen Werk abendländischer Spiritualität von der Mitte des 15. Jahrhunderts, kategorisch: »Wer sich wahrhaft kennt, der hält sich selbst für gering.«[12]

Ein Großteil der Philosophen der Aufklärung von Hobbes bis Voltaire stößt später ins selbe Horn, nur dass sie ihre Sicht nun nicht mehr theologisch, sondern philosophisch begründen. Der zentrale Gedanke der Moderne ist, dass der Mensch von Natur aus schlecht ist, ja unwürdig. Daher bleibt ihm gar nichts anderes übrig, als sich zu quälen und zu erniedrigen. Er muss sich selbst überwinden, auf sein Urteilsvermögen und die Freiheit seines Handelns verzichten. Solche Vorstellungen nutzten Herrscher und ihre Ratgeber, um den »aufgeklärten Absolutismus« zu rechtfertigen – auf Kosten der Demokratie und zugunsten der Ungerechtigkeit. Abweichende Ansichten werden lächerlich gemacht. Ich denke da speziell an Jean-Jacques Rousseau, der sich selbst entdeckte, als er über eine Preisfrage der Universität von Dijon nachdachte: »Was ist der Ursprung der Ungleichheit zwischen Menschen?« Man

11 Augustinus, *Bekenntnisse*, München (11) 2010, S. 90.
12 Thomas von Kempen, *Das Buch von der Nachfolge Christi*, Stuttgart 1980, S. 11.

erwartete von ihm die seinerzeit einzig akzeptable Antwort:»Die Erbsünde.« Er dagegen entwickelte seine Gedanken in einer langen Abhandlung, in der er die Selbstliebe rechtfertigte. Damit brachte er sich um seinen Ruf als bedeutender Denker und musste sich mit der Rolle des Literaten und Pädagogen zufriedengeben.

Als die westliche Welt Bekanntschaft mit dem Buddhismus machte, betrachtete sie ihn durch die Brille eben dieses geistigen Erbes und pickte sich gleich das Schlechteste heraus: das»Ego«. Dieses Wort kommt in den ursprünglichen buddhistischen Texten zwar durchaus vor, doch wir haben daraus unser ganz spezielles Süppchen gekocht. Im Buddhismus steht es für die fünf Daseinsgruppen oder»Skandhas« (Körperlichkeitsgruppe, Gefühlsgruppe, Wahrnehmungsgruppe, Geistesformationsgruppe und Bewusstseinsgruppe). Das Ego, das Ich ist ein illusorisches, vergängliches Gebilde, das sich seiner Natur gemäß immer wieder auflösen muss, da»ich« ständig ein anderer, ständig in Bewegung, in Veränderung und daher ungreifbar bin. Das Ich ist nicht real. Es daher zur Quelle all unserer Probleme machen zu wollen und sämtliche Kräfte zu mobilisieren in der merkwürdigen Absicht, es zu vernichten, ist mehr als ungesund: Es ist absurd. Die Vorstellung, dass man es mit was weiß ich welchen asketischen Übungen schaffen könnte, das Ego zu vernichten und dadurch ein vollkommener Mensch zu werden, ist in meinen Augen der Gipfel der Eitelkeit.

Ich erinnere mich noch gut an jene – zum Glück längst vergangenen – Tage, in denen das Ego mir als einzige große Müllhalde diente. Es war an allem schuld:

an meiner Ungeschicklichkeit, meiner Kleinkariertheit, meinem Egoismus und meiner Verwundbarkeit. Ich hasste es, weil es ständig die Oberhand behielt. Ich hatte Schuldgefühle, weil ich ein solches Ungeheuer in mir beherbergte und es nicht bändigen konnte. Weil es mir nicht gelang, an das Bild, das ich von einem perfekten Praktizierenden hatte, heranzureichen: an das Bild eines Menschen, der sein Ego überwunden und abgelegt hat. Mit einer solchen Einstellung war es mir natürlich unmöglich, mich zu lieben oder gar irgendwelche Qualitäten in mir zu entdecken – damit hätte ich nur Öl ins Feuer der schändlichen Selbstliebe gegossen. Das Wort »Ego« stand symptomatisch für ein massives Problem, das ich hatte: den Hass, den ich mir immer noch entgegenbrachte.

Schrittweise konnte ich mich dann aus dieser Falle befreien. Doch nicht mit einem Sprung ins Leere, sondern mithilfe einer Übung, die eigentlich nicht besonders schwierig ist: Ich gewöhnte mir an, die Worte, die ich benutzte, präziser zu wählen. Als Erstes verbannte ich das »Ego«, dieses unfassbare Schreckgespenst, aus meinem Vokabular. Der Begriff ist derart schwammig, dass er ohnehin jede Bedeutung verloren hat. Stattdessen verwendete ich einfachere, »normalere« Worte, die näher an dem waren, was sich gerade wirklich in mir abspielte.

Statt eines überdimensionierten Egos sah und benannte ich den Egoismus, den Stolz, die Eifersucht, die Überempfindlichkeit, den Irrtum. Statt eines verletzten Egos fühlte ich Schmerz und Kummer. Mit dem Begriff des »Ego« verband sich eine kategorische Ablehnung des Bildes, das ich von mir und anderen Menschen hatte, und dieses Bild war starr, unveränderlich und mitleidlos. Es war eine Illusion, die mich daran hinderte zu sehen, wer ich, wer der andere tatsächlich war, ein Trugbild, an dem ich festklebte. Doch mehr als mit dem Wort schlug ich mich mit den falschen Inhalten herum, die man mir damit indirekt vermittelt hatte.

Schauen wir uns das Ganze doch mal mit klarem, objektivem Blick an. Ich bin ja nie nur zornig, eifersüchtig oder überempfindlich. Ich empfinde manchmal Wut oder Eifersucht, manchmal lege ich eine gewisse Dünnhäutigkeit an den Tag. Indem ich meine Schwachstellen benenne, kann ich sie identifizieren und eingrenzen. Wenn ich direkt mit diesen Emotionen arbeite statt mit dem gut getarnten Schreckgespenst namens Ego, wenn ich mich nicht mit diesem Ego gleichsetze, sehe ich, dass ich alles in mir habe, um erfolgreich gegensteuern zu können. Ich lösche meinen Zorn oder meine Eifersucht nicht aus (was eine absurde Vorstellung wäre!), sondern erkenne, benenne und beobachte sie. Und schon kann ich entspannter mit ihnen umgehen, effizienter damit arbeiten. Es ist nicht mein Ego, das verletzt wurde: Ich habe mich durch ein bestimmtes Wort verletzt gefühlt, und wenn ich mich wie Narziss selbst betrachte, wird mir klar, wieso es mich verletzt hat und mich unbesonnen reagieren ließ.

Die Worte, die wir verwenden, können uns lähmen wie Gift. Zu oft verwenden wir nichtssagende, sinnentleerte Begriffe. Begriffe, die wir aufgeblasen haben, die wir für die Wirklichkeit halten und die uns so zur Falle werden: Ego, Selbstachtung, Loslassen. Damit zu operieren heißt die Zügel aus der Hand geben. Letztlich steckt dahinter auch eine gewisse gedankliche und emotionale Bequemlichkeit. Wo muss ich lockerlassen? Nennen wir doch das Kind beim Namen! Ist es meine Ungeduld, meine Neigung, immer zu viel auf einmal machen zu wollen, zu schnell zu gehen, mich ganz auf mich selbst zu konzentrieren und andere dabei zu vergessen? Wenn wir diese Dinge genau benennen, können wir auch damit arbeiten. Und was ist dieses Selbst, das ich wertschätzen soll? Ist damit meine Großzügigkeit gemeint, mein Wunsch, anderen zu helfen, meine Intelligenz, meine Unvoreingenommenheit? So kann ich an mir schätzen lernen, was tatsächlich schätzenswert an mir ist. Und das wiederum hilft mir, mich zu lieben.

Wie nichtssagend solche »Gummiwörter« letztlich sind, belegen Tests, die amerikanische Psychologen mit zwei Gruppen von Kindern durchgeführt haben. Nach einem einfachen Test, den beide Gruppen problemlos gemeistert hatten, sagte man den Kindern aus der einen Gruppe: »Du bist sehr intelligent«, denen der anderen Gruppe: »Du hast sehr gut gearbeitet, du hast den Test bestanden.« Danach mussten die Kinder einen schwierigeren Test absolvieren. Bei den Kindern aus der ersten Gruppe überwog dabei Angst. Sie hatten das Gefühl, möglicherweise nicht so intelligent zu sein, wie man es von ihnen erwartete (»Intelligenz« ist ein dehnbarer Begriff), sodass viele von ihnen entmutigt, manchmal sogar unter Tränen, aufgaben. Die Kinder aus der zweiten Gruppe dagegen hielten durch, da man von ihnen keine abstrakte »Intelligenz« erwartete, sondern lediglich, dass sie »gut arbeiteten«, um den Test zu bestehen. Die Kinder aus dieser Gruppe bestanden den Test durchweg: mit einem Gefühl narzisstischer Befriedigung.

Nein, ich bin nicht von Haus aus toll, doch ich trage ein großartiges Potenzial in mir. Wenn ich mich an meinen Qualitäten festhalte, kann ich langsam den Gipfel erklimmen und meine Großartigkeit entdecken. Nein, ich habe kein Ego, das mich zum Choleriker macht. Es gibt nur Situationen, auf die ich zornig reagiere. Und wenn ich an den Situationen und an meinem Zorn arbeite, kann ich diese Reaktion, wo nicht ablegen, so doch zumindest begreifen. Ich liebe mich nicht zu hundert Prozent. Ich finde mich auch nicht zu hundert Prozent genial. Doch ich habe Seiten an mir entdeckt, die ich liebe. Ich habe geniale Züge an mir gefunden. So wurde es mir möglich, Glück und Vertrauen zu entwickeln und weiter zu wachsen. Ich bin genial!

Hören wir auf, irgendwelchen gedanklichen Konstrukten die Schuld für unsere Fehler in die Schuhe zu schieben. Mein Ego manipuliert mich nicht, und ich bin auch nicht seine Marionette: Das Ego existiert schlicht nicht. Wenn ich mich anschaue, mich erkenne, mich liebe, mich entdecke, mir vertraue, so ist das keineswegs ein Hindernis auf dem Weg zu Frieden und Glück, wie ich immer noch viel zu oft zu hören bekomme. Ganz im Gegenteil!

Narzisst zu sein heißt, dass ich mit mir ebenso liebevoll und gütig umgehe, wie es damals meine Großmutter tat, als ich Rad fahren lernte – was mich sehr viel Zeit und Anstrengung kostete. Manche der Erwachsenen um mich herum schimpften nur und setzten mir ordentlich zu. Sie machten mir Angst, und das lähmte mich. Anders meine Oma. An dem Tag rief sie mir von Weitem zu: »Los, du schaffst es!« Ich schwang mich aufs Rad, und ich schaffte es. Ich erfuhr ein Gefühl von tiefem Frieden.

Was es im wahrsten Sinne heißt zu lieben, fasst Aristoteles in einem Satz zusammen: »Du bist mir teuer.« Es ist so einfach, ein friedvolles Leben zu führen ...

9

Sich lieben heißt, ganz Ja zu sich sagen

Indem ich tauchte, habe ich wieder zu mir gefunden, ich stimmte mit mir überein, nicht mehr als Beobachter, als Voyeur, sondern als zu mir selbst Zurückgekehrter.

Henri Michaux

Ich liebe meine beste Freundin. Ich liebe sie nicht nur, wenn sie in Topform, gut gelaunt und schick gewandet ist, sondern ich liebe sie so, wie sie ist. Doch meine Liebe ist keine Affenliebe – denn sonst würde sie aufhören, Liebe zu sein, und zu etwas Ungesundem werden. Ich kenne ihre Stärken, genauso wie ich ihre Schwächen kenne. Über manche ihrer Schwächen spöttele ich, in anderen Fällen rate ich ihr, ein bisschen aufzupassen. Ich sage ihr, wenn ich glaube, dass sie eine Dummheit oder einen Fehler gemacht hat. Wenn sie etwas falsch gemacht hat, dränge ich sie, das wieder in Ordnung zu bringen, ohne sie zu verurteilen oder zu beleidigen. Doch bei unseren Gesprächen geht es nicht primär um solche Dinge. Ich freue mich einfach, dass es sie gibt, dass sie auf der Welt ist. Ihr Wesen, die Art, wie sie ist, tut mir gut. Ich sage zu ihr mit allen ihren

Stärken und Schwächen Ja, bedingungslos Ja. So wie ich zu meinem Partner, meinen Kindern, meinem Nachbarn, meinem Kollegen Ja sage.

Ich weiß, dass ich diese Menschen liebe, weil es Augenblicke gibt – wenn ich mit ihnen zusammen bin oder an sie denke –, in denen mir das zutiefst bewusst wird. Aber dieses Gefühl bemisst sich nicht an seiner Heftigkeit, mein Herz fängt nicht wie wild an zu schlagen, wenn ich sie sehe. Was ich für sie empfinde, hat nichts mit Leidenschaft zu tun, sondern ist viel mehr als das: eine beständige Liebe, die man, wenn man sie denn unbedingt messen wollte, mit der Elle des Vertrauens und des Glücks messen müsste, das ich häufig (aber durchaus nicht immer!) in ihrer Gesellschaft spüre. Ich freue mich, wenn ich sie sehe.

Natürlich gibt es Augenblicke, da würde ich sie alle am liebsten auf den Mond schießen: mein Kind, weil es gerade wieder extrem trotzig ist; meinen Partner, weil er jetzt schon das zweite Mal in diesem Monat seine Schlüssel verloren hat; meine Freundin, die schmollt, weil ich keine Zeit hatte, mit ihr essen zu gehen. Manchmal gehen sie mir echt auf die Nerven, und manchmal kann ich sie einfach nicht um mich haben. Aber am Ende zählt das alles nicht, und ich möchte wieder mit ihnen zusammen sein. Ich liebe sie, ohne eine Gegenleistung dafür zu erwarten, wenn auch nicht immer gleich intensiv oder auf die gleiche Weise, denn so ist das menschliche Herz nun mal.

Stetig auf höchster Stufe lodernde Liebe existiert nur in Kitschromanen. Etwas anderes behaupten zu wollen führt nur zu überflüssigen Schuldgefühlen. In Wirklichkeit ist Liebe etwas Pulsierendes, Lebendiges, ähnlich

wie unser Geist, der manchmal heiter und manchmal
traurig gestimmt ist. Was wir Liebe nennen, sind letztlich nur Empfindungen, die wir im gegenwärtigen Augenblick haben. Liebe ist etwas Offenes, kein Gefängnis.
Sie ist bedingungslos, aber nicht absolut. Sie ist keine
Dauerekstase und auch keine Bürde. Sie ist ein zutiefst
warmes, tröstliches Ja.

Ich verbringe meine Zeit nicht damit, mir vorzube-
ten, dass ich diese Menschen liebe. Ich muss mich davon nicht erst überzeugen. Ich erstelle keine Bilanz
ihrer positiven und negativen Seiten und überlege mir
dann je nach Ergebnis, ob sie meiner Liebe würdig sind
oder nicht. Ich liebe sie einfach und bin mir durchaus
der Tatsache bewusst, dass das allein eventuelle Probleme noch nicht aus der Welt schafft, ich mich diesen
Problemen also stellen muss. Doch die Liebe gibt mir
dazu den nötigen Mut und die Stärke ...

Sich selbst zu lieben heißt, sich auf diesen Tanz mit
sich selbst einzulassen. Sich zu lieben heißt, Ja zu sich
selbst zu sagen, ein warmherziges, wohlwollendes, offenes Ja, ein ganzes Ja und kein halbes. Liebe ich nur
meinen sozialen Status, meinen beruflichen Erfolg oder
mein Aussehen und blende alles andere aus, dann liebe
ich nicht mich, sondern nur ein bestimmtes Bild von
mir. Denn ich bin nicht »nur« meine Muskeln, mein
schickes Auto oder mein toller Beruf, sondern viel mehr
als das. Wenn ich mich liebe, dann liebe ich mich auch,
wenn ich ein paar Falten bekomme oder meine Arbeit
verliere. Wegen solcher Dinge werde ich nicht plötzlich
aufhören, meine Lieben zu lieben – mich selbst einge-
schlossen.

Das ist freilich eine große Herausforderung, so wie

es grundsätzlich eine Herausforderung ist, mit dem Herzen und nicht mit dem Verstand zu lieben. Sie ist so unlogisch und überraschend wie die Liebe selbst, doch sie ist auch spannend. Ich liebe mich, wie ich andere liebe – mit klarem Blick. Und darum gehe ich mir manchmal selbst auf die Nerven, obwohl ich sonst ganz glücklich mit mir bin. Ich sehe meine Fehler und Macken, aber ich identifiziere mich nicht damit. Zu sagen:»Ich habe mich idiotisch benommen« ist nicht dasselbe wie zu sagen:»Was bin ich doch für ein Idiot«. Das ist ein entscheidender Wechsel der Perspektive, den wir auf der Stelle vornehmen sollten.

Zu sagen:»Ich bin ein Idiot« öffnet der Selbstquälerei Tür und Tor, denn so geraten wir in einen sinnlosen Teufelskreis. Ich hasse mich für das, was ich bin, entwerfe ein Idealbild von mir und komme mir als noch größerer Idiot vor, weil ich es nicht erfülle. Ich versinke völlig in dem Gefühl, ein Idiot zu sein, ich mache es zu meinem»Markenzeichen«, streue mir Asche aufs Haupt und quäle mich entsprechend. Ich nehme mir übel, was ich bin, und übertreibe jeden Fehler maßlos. Wenn ein anderer den Zug verpasst, sage ich ihm vielleicht, dass mich seine Schussligkeit nervt, aber ich stelle ihn nicht gleich an den Pranger. Warum muss ich mich selbst dann einen Dummkopf und Volltrottel schimpfen, wenn mir der Zug vor der Nase wegfährt? Ist es wirklich nötig, dass ich mich zweimal bestrafe?

Sage ich dagegen:»Ich habe mich idiotisch benommen«, richtet sich mein Blick und mein Schuldgefühl darauf, wie ich mich in dieser bestimmten Situation verhalten habe. Das Verhalten macht nicht meine ganze Person aus! Ich bin kein schlechter Mensch, ich war lediglich der Sache nicht gewachsen. Weil ich mich ganz bejahe, habe ich den Wunsch, mich zu ändern und zu wachsen. Ausgehend von der Liebe, die ich für mich selbst empfinde, werde ich künftig wachsamer sein. Doch weiß ich jetzt schon, dass ich nie perfekt sein werde. Das Leben ist viel zu komplex, als dass es uns je gelingen könnte, uns stets tadellos zu benehmen. Ich werde sicher wieder irgendwelche dummen Dinge tun. Ich werde niemals ein idealer Mensch sein, doch ich werde nicht aufhören, danach zu streben, und verdiene es trotz allem, geliebt zu werden.

Ich liebe mich, weil ich ich bin, so wie ich viele andere Menschen liebe, weil sie sie sind. Und weil ich sie liebe, ermutige ich sie, sich weiterzuentwickeln, mehr aus sich zu machen, Ansprüche ans Leben zu stellen und ihr Potenzial zu entwickeln. Manchmal passiert es mir, dass ich zu ihnen sage: »Los, mach, du hast doch mehr drauf als das!« Oder in den Worten des griechischen Dichters Pindar, der im 5. Jahrhundert vor unserer Zeit lebte: »Werde, der du bist!« Denn du hast Genie.

Jemanden zu lieben heißt, ihm zu helfen, aus seinem Fluss des Lebens zu schöpfen, zu wachsen und zu dem zu werden, der er wirklich ist. In der buddhistischen Tradition wird hier das Beispiel der Vogelmutter zitiert, die ab einem bestimmten Moment aufhört, ihre Jungen weiter im Nest zu füttern. Stattdessen verteilt sie in der Nähe des Nests Futter, um sie zum Fliegen zu animieren, auf dass sie zu erwachsenen Vögeln werden. Die Jungen erwachen zu sich selbst, wenn sie es zum ersten Mal wagen, ihre Schwingen auszubreiten. Sie stürzen? Ihre Mutter hilft ihnen, sich zu erheben und es noch einmal zu versuchen. Schließlich sollen sie wahre Vögel werden ...

Doch ich, wer bin ich? Gute Frage! Rabbi Zusha, ein großer Weiser und Chasside aus dem 18. Jahrhundert, sagte kurz vor seinem Tod:»In der kommenden Welt wird man mich nicht fragen: ›Warum bist du nicht gewesen wie Moses?‹, sondern: ›Warum bist du nicht gewesen wie Zusha?‹« Die Herausforderung besteht also nicht darin, ein Heiliger oder ein Held zu werden, sondern ich zu sein, was nur selten der Fall ist – weil Angst, Anpassungsstreben, Zaghaftigkeit oder Unwissenheit mich daran hindern. Wer bin ich? Zum Glück werde ich das nie mit letzter Sicherheit sagen können. Ich bin ein Wesen, das sich ständig wandelt, wie auch das Leben und die Liebe sich wandeln. Ich werde mir immer ein Rätsel bleiben, ein Geheimnis, das ich nie ganz lösen werde, dem ich mich aber dennoch fragend und lauschend nähern muss. Dies ist ein spannender Weg und er ist es wert, beschritten zu werden ...

Ein sehr langer Weg im Übrigen. Wer bin ich? Diese Frage müssen wir uns immer wieder neu stellen. Es geht dabei nicht um eine philosophische Analyse, sondern um eine ganz konkrete Suche: Wann bin ich wirklich ich selbst? Wann bin ich Fabrice? Die Antwort darauf ist ein echtes Coming-out. In unserem normalen Sprachschatz ist dieser Ausdruck für Homosexuelle reserviert, die sich öffentlich zu ihrer Homosexualität bekennen und es – mitunter nach anfänglichem Schock – als unglaubliche Erleichterung empfinden, mit sich selbst nicht länger uneins zu sein. Doch die Einzigartigkeit eines Menschen besteht nicht allein in seiner sexuellen Orientierung: Wir alle verbergen einen Teil unserer Persönlichkeit, weil er in unseren Augen nicht zu den Pseudoregeln und Erwartungen passt, die man an uns stellt. Holen wir diese Anteile aus der Versenkung, in der wir sie so mühsam halten!

Damit ich wirklich Fabrice sein kann und im Einklang mit mir und dem, was für mich passt, brauchte und brauche ich immer noch diverse Coming-outs. Im ersten Moment fällt ein solcher Schritt schwer, doch hinterher empfinde ich immer ein Gefühl der Erleichterung, einfach weil ich zu mir stehe und mich akzeptiere und weil so ein mehr oder minder starker Druck, der sich über die Zeit aufgebaut hat, von mir abgefallen ist.

Ich habe mich in der Verlagswelt, in einem Umfeld, wo man gern Cocktail um Cocktail schlürft und abends in der City diniert, als überzeugter Stubenhocker geoutet, der Stille und Einsamkeit braucht, um seine Batterien wieder aufzuladen. Ich habe mich in einem Umfeld, wo »ein Mann nicht weint« als Mensch geoutet, der nah am Wasser gebaut hat. Ich weine nun mal des Öfteren, gerne auch im Kino. Unrecht, auch wenn es nicht mir selbst widerfährt, kann mich zutiefst erschüttern: Ich spüre es in jeder Faser meines Seins, und es treibt mir die Tränen in die Augen. Ich empfinde eine unpassende Bemerkung, bei der andere sich nichts denken, wie einen Stich ins Herz. Meine quasi kinästhetische Beziehung zur Welt, in der Regen, Sonne und Wind ihr Spiel mit mir treiben, macht mir immer wieder zu schaffen. Ich male für mein Leben gern, während ich offiziell zur Zunft der Intellektuellen gerechnet werde, deren Daseinszweck im Denken und Schreiben besteht. Lange Zeit habe ich mir meine (von mir) so genannten und mitunter lästigen Schwächen höchst übel genommen. Ich versteckte meine Bilder, weil ich sie nicht für sehenswert hielt. Ich verbarg meine Tränen, weil sie meine Wangen röteten. Ich hielt mir elend lange Strafpredigten, versuchte, mich zur Vernunft zu bringen, doch schließlich musste ich lernen, mich so zu nehmen, wie ich bin: ein Stubenhocker, ein Eigenbrötler und eine Heulsuse mit ein bisschen Künstlerblut. Mehr noch: Ich musste lernen, mich so zu lieben.

Es war mit viel Arbeit verbunden, mich selbst zu entdecken, mit Vorwärtstasten, mit Versuch und Irrtum. An manchen Punkten stellte ich mir vor, ein anderer zu sein als der, der ich bin. Doch damit lag ich völlig schief und täuschte andere Menschen genauso wie mich selbst. Der Preis dafür war, dass ich mich in meiner Haut ständig unwohl fühlte. Dann habe ich mir erlaubt, die Lebensenergie, die ich zuvor blockiert hatte, fließen zu lassen. Ich fand daran Gefallen und habe mich, ganz ohne Selbstkasteiung und -verurteilung, manchmal doch geändert – aus Hochachtung vor diesem Menschen, der mir lieb und teuer geworden war: ich. Ich war wertvoller als bestimmte Kleinlichkeiten, auf die ich mich berief. Allmählich machte es mir Freude, mir selbst zu begegnen – eine Freude ähnlich der, die ich empfinde, wenn ich meine Freundin oder meinen Partner wiedersehe. Ich habe bedingungslos Ja zu mir gesagt wie eine Mutter, die ihr Kind trotz allem bedingungslos liebt.

Ich rede mir meine Fehler nicht schön, sondern übernehme die Verantwortung dafür. Doch diese Fehler tun meinem Menschsein keinen Abbruch: weil ich ein Mensch bin, verdiene ich Liebe. Das ist es, was alle Weisheitslehren uns sagen, und sie haben recht damit – im Gegensatz zu den Dogmatikern, die diese Lehren verraten haben, indem sie die Liebe der Moral opferten. Für Buddha oder Jesus ist keine Tat so schlimm, dass sie dieses Menschsein auslöschen könnte. Beide haben Vertrauen in Verbrecher und Dirnen gehabt, ihnen vergeben, sie als Menschen bejaht und in ihren innersten Kreis aufgenommen. Sie haben sie gelehrt, sich selbst zu sehen und zu lieben, ohne sich dabei zu verstellen. Bevor Buddha zum Buddha wurde, nahm er es mit der Moral nicht so genau. Wäre er kein Prinz gewesen, hätte vielleicht der Arm des Gesetzes nach ihm gegriffen. Jesus lädt sich zum Essen in das Haus des Zöllners Zachäus ein, der von allen wegen seiner Unredlichkeit verachtet wird. »Auch dieser Mann ist ein Sohn Abrahams«, hält Jesus denen entgegen, die Anstoß daran nehmen, dass er bei einem Sünder einkehrt (Lukas 19,9).

Ausnahmefälle? Vermutlich ... denn die wenigsten von uns sind wirklich fähig, sich selbst zu lieben! Auch in meinem Fall liegt auf diesem Weg noch ein gutes Stück Arbeit vor mir: Der Abhang ist rutschig, und mein Pflichtgefühl treibt mich, ohne dass ich es merke, immer wieder dazu, mir mehr abzuverlangen, als mir guttut. Und es passiert mir immer noch, dass ich mir eher das übel nehme, was ich bin, als das, was ich getan habe.

Ich liebe mich, auch wenn ich nicht perfekt bin, und mache das auch nicht von irgendwelchen Umständen abhängig. Die Tatsache, dass ich mich liebe, hat aber auch zur Folge – wie ich feststellen musste –, dass ich mir gegenüber anspruchsvoller werde. Ich stecke nicht länger den Kopf in den Sand und kenne meine Macken, die man mit unschönen Knitterfalten in einem Hemd vergleichen könnte. Doch ich bügle nur die Falten raus, ich werfe nicht das Hemd weg! Wenn ich was Dummes angestellt habe, dann habe ich ein schlechtes Gewissen. Ich leugne solche Fehler nicht. Um Verzeihung zu bitten und zu versuchen, meine Fehler wieder gutzumachen, ermöglicht mir jedes Mal, mein Menschsein, mein eigentliches Ich wiederzufinden. So kann ich mit dem dumpfen Schuldgefühl, das ich schon zu lange mit mir rumgeschleppt habe, Frieden schließen.

Ich gebe auch zu, dass es mir manchmal ganz schön schwerfällt, bedingungslos und liebevoll Ja zu mir zu sagen und mir rückhaltlos zu vertrauen. Oft ist das viel verlangt, und es verwirrt und verunsichert mich. Nichtsdestotrotz ist es gut, dass ich mich selbst zum besten Freund habe.

10

Sich selbst zu lieben ist alles andere als dumm

Vielleicht sind alle Drachen unseres Lebens Prinzessinnen, die nur darauf warten, uns einmal schön und mutig zu sehen.

Rainer Maria Rilke[13]

Seit mittlerweile mehr als zehn Jahren leite ich Meditationssitzungen, in denen wir die Praxis der liebenden Güte üben. Man *kann* lernen zu lieben, doch dieser so befreiende und tiefgründige Weg des Lernens braucht Zeit. Das Ganze ist kein Kursprogramm, das man absolviert und mit Zertifikat abschließt, sondern eine praktische Unterweisung in einer Art Überlebenstraining. Wir üben uns dabei nicht in einer abstrakten, lebensfernen Praxis, sondern in einem Tun, das sich ganz konkret auf uns selbst bezieht und deshalb besonders tief wirkt, zumal es uns ermöglicht, unser Leid, unsere Emotionen, unsere Probleme und Blockaden in Antriebskräfte für unsere Weiterentwicklung zu verwandeln. Wir lernen, uns mit unserer Verletzlichkeit auszusöhnen.

13 Rainer Maria Rilke, *Briefe an einen jungen Dichter*, Frankfurt a. M. 1989, S. 64.

Ich bin ansonsten ja kein großer Fan von vorgegebenen Programmen und Methoden, doch um diesen Lernprozess anzustoßen, mache ich Ihnen – mit absteigendem Schwierigkeitsgrad – vier Vorschläge. Das Ganze ist keine Prüfung, die Sie vermasseln oder bestehen können. Wenn es Ihnen schwerfällt, eine Antwort zu finden, gehen Sie zur nächsten Betrachtung über. Sie können zur übersprungenen Reflexion später wieder zurückkehren ...

1) Ich denke an eine gute Eigenschaft, die ich habe. Ich nehme diese gute Eigenschaft als Ausgangspunkt und spüre, dass es in mir etwas Liebenswertes gibt, etwas, das ich lieben kann: Ich bin sanftmütig, ich bin freundlich, ich bin geschickt mit den Händen ...

2) Ich denke an eine gute Eigenschaft, die andere an mir erkennen und die ich selbst auch in mir sehe. Ich nehme mir jetzt die Zeit, sie zu betrachten.

3) Ich denke an etwas Gutes, das ich in meinem Leben getan habe. Und selbst wenn es nur eine einmalige Handlung war, so kann ich daran doch erkennen, dass es etwas Schönes in mir gibt.

4) Ich spüre in mir die Sehnsucht bzw. den Wunsch, mich eines Tages selbst zu lieben, auch wenn mir das im Moment noch nicht gelingt. Dieser Wunsch ist bereits ein Schritt in diese Richtung und Beweis dafür, dass der Keim für Wohlwollen in mir angelegt ist.

Mehr als die Hälfte der Kursteilnehmer steht mit diesen Betrachtungen vor einem unlösbaren Problem: Sie finden sich nirgends wieder, und was sie schildern, ist eher beunruhigend. Eine Frau, die als Therapeutin arbeitet und den Kurs zum ersten Mal besuchte, erzählte, dass sie ohne jede Hilfe ihre Mutter gepflegt hatte, die während ihrer letzten Lebensjahre schwer krank war. »Alle sagten, ich sei tapfer, doch ich hatte immer das Gefühl, nur meine Pflicht zu tun. Meine Mutter meinte, ich sei sehr lieb, aber ich habe das nicht so wahrgenommen. Ich war überzeugt, dass ich sie wegen meiner anderen Verpflichtungen vernachlässigte. Und ich machte mir deswegen Vorwürfe.« Nachdem diese Frau lange Zeit an sich gearbeitet hatte, konnte sie sehen, dass sie tatsächlich sehr tapfer und sehr lieb zu ihrer Mutter gewesen war, ja dass Tapferkeit und Güte ganz allgemein Wesenszüge von ihr waren. Diese Erkenntnis brachte eine tiefgreifende Umwälzung mit sich und war der Beginn ihrer Aussöhnung mit sich selbst.

Ein ehemaliger Börsenhändler, der seinem alten Leben nachtrauerte, schleuderte mir in einem anderen Kurs aggressiv entgegen: »Was soll das sein, sich lieben?« Er vermochte keine guten Seiten an sich zu finden und sich auch nicht vorzustellen, andere könnten das tun. Er gefiel sich in der Rolle des knallharten, jungen Geschäftsmannes, doch diese entsprach eben nicht seinem tiefsten Sein – weswegen er der Finanzwelt ja auch den Rücken gekehrt hatte. Ich konnte deutlich spüren, dass es für ihn eine ziemliche Erschütterung bedeuten würde, den Sprung in sich selbst zu wagen. Allein bei dem Gedanken geriet er schon in Panik. Deswegen bat ich ihn, zuerst an einen Menschen zu denken, den er mochte, und diesem alles Gute zu wünschen. In einem zweiten Schritt sollte er dann genau dasselbe mit sich selbst machen. Er sollte sich wünschen, dass er, unabhängig von seinen Stärken und Schwächen, glücklich sein möge. Ich weiß nicht, ob er das getan hat, aber er brach in Tränen aus … Er hatte wohl ein Stück weit eine zutiefst befreiende Wahrheit berührt.

Die Übung der liebenden Güte erscheint Ihnen vielleicht simpel, doch weiß ich aus eigener Erfahrung, dass sie eine enorme Sprengkraft birgt. Sie kann sehr verstörend sein und das Unterste nach ganz oben kehren. Letztlich ist es so, dass wir uns selbst nicht lieben, uns aber dessen nicht bewusst sind. Wir haben es einfach nicht gelernt, vielmehr hat man Selbstliebe für tabu erklärt, gerade wenn wir uns elend fühlen, verschlossen, egoistisch oder zornig sind. Wie, bitte, sollte man so jemanden lieben? Und ist ein solcher Mensch es überhaupt wert, dass man ihn liebt?

Nebenbei bemerkt stößt in meinen Kursen regelmäßig tatsächlich diese Übung am wenigsten auf Interesse. Das ist sehr bezeichnend. Die wenigsten Menschen wissen, wie sehr sie tatsächlich unter ihrer mangelnden Selbstliebe, unter ihrer Selbstentfremdung leiden. Wir sind uns gar nicht darüber im Klaren, wie brutal wir mit uns selbst umgehen. Wir halten das vielmehr für völlig normal.

Zudem ist unser Bild von der Liebe vollkommen verdreht und so simpel, dass wir uns gar nicht vorstellen können, dass ausgerechnet hier der Schlüssel zu dem inneren Frieden und der Erfüllung liegen könnte, nach der wir streben.

Die Liebe, von der ich rede, die Liebe, die Narziss uns lehrt, ist weder blind noch dümmlich. Das ist kein Freibrief, den ich mir selbst aus einer Augenblickslaune heraus ausstelle, sondern ein langer Weg, der mit Wohlwollen und vielen Fragen gepflastert ist. Diese Liebe ist der Blick des Narziss, der sein Spiegelbild sieht und so aufhört, für sich selbst blind zu sein. Sie ist die Frucht eines Verstehens, das uns aus unserer Unwissenheit herausführt, einer Neugier, die sehr viel gesünder ist als die Achtlosigkeit, die wir gewöhnlich uns selbst gegenüber walten lassen. Es ist die sehende Liebe, die Sokrates lehrte: Sich lieben heißt zuallererst, das in uns erkennen, was das Leben befördert.

Die Liebe, von der ich rede, hat nichts mit Emotionalität zu tun. Bei dieser Gelegenheit würde ich gern auch gleich ein Missverständnis ausräumen, das manchmal während meiner Meditations- und Praxiskurse auftaucht. Ich bezeichne es, etwas weiter gefasst, als die »Krankheit der Selbsterfahrung«.

Unter Berufung auf deren Authentizität erheben manche Leute ihre Emotionen in den Rang absoluter Wahrheiten. Nun ist es aber leider so, dass Emotionen uns ebenso irreführen und täuschen können wie unser Verstand oder unsere Sinneswahrnehmungen. Wenn ich mir im Kino einen Horrorfilm ansehe, dann ist die Angst, die ich empfinde, als Emotion sicher sehr stark, doch sie ist nur ein vorübergehendes Phänomen, das keinerlei Auswirkung auf mein reales Leben hat. Ich werde nun nicht hergehen und sie als »Signal« einstufen, auf das ich reagieren muss. Ich habe mich im Kino gefürchtet, doch ich weiß auch, dass es keine Zombies gibt, und werde daher draußen auf der Straße nicht den erstbesten Passanten töten, um mich vor den Untoten zu schützen. Meine Augen und meine Ohren können mich gleichfalls täuschen. Was für mich aus der Ferne wie ein Baum aussieht, erweist sich beim Näherkommen als Holzpfosten. Ich meine, meinen Namen zu hören, doch als ich den Kopf wende, merke ich, dass nicht ich es bin, den man gerufen hat.

Unsere Emotionen sind manchmal das genaue Gegenteil von Authentizität – eine Fata Morgana, eine Illusion, eine Augenblickslaune unter der Tarnkappe tiefer Gefühle. Wie oft habe ich schon beobachtet, wie sich Menschen von der Pseudo-Authentizität ihrer Emotionen beeinflussen lassen (»Ich drücke ja nur aus, was ich fühle ...«). Wie sie lospolterten oder sich in die Haare kriegten, selbst auf die Gefahr hin, Porzellan zu zerschlagen, und dann angesichts des Scherbenhaufens bittere Tränen der Reue vergossen. Wenn mich der Zorn oder die Eifersucht am Wickel hat, dann kann es passieren, dass ich am liebsten meine Arbeit hinschmeißen oder meinen Partner vor die Tür setzen würde. Aber woher kommt diese Lust? Aus meinen Emotionen oder aus der Tiefe meines Wesens? Mich zu lieben heißt auch, dass ich Abstand gewinne von meinen Emotionen, mich selbst mit klarem Blick sehe, darauf horche, was ich wirklich will. Nur dann kann ich eine Entscheidung treffen, die im Einklang steht mit mir selbst, mit dem, was ich tief in mir fühle, mit dem, was ich wirklich bin – und mit der obersten Direktive: zu wachsen und weiter aus meiner Fülle zu leben.

Ebenso wie uns unsere Emotionen bisweilen in die Irre führen, kann auch der Verstand uns täuschen. Darum habe ich mir angewöhnt, den Dogmen der Logik und Rationalität zu misstrauen – die nicht gleichzusetzen sind mit der Vernunft, von der sie nur ein Zerrbild liefern und die sie manchmal sogar im Keim ersticken.

Rational – das ist der kalte Schnittpunkt der Kurven von Personalkosten und Umsatz, der nie zur Diskussion steht. Rational – das sind die Datenmengen, die wir zu unserem neuen Kompass gemacht haben, die Zahlentabellen, die Aufschluss darüber geben sollen, wer wir sind, und prognostizieren, was wir wollen. Rational – das waren die Vernichtungslager der Nazis mit ihrer logistisch durchoptimierten industriellen Leichenproduktion: der fahrplanmäßigen Ankunft der Deportationszüge, der Selektion der Ankömmlinge nach exakt definierten Kriterien, der präzisen Kalkulation des Fassungsvermögens der Gaskammern sowie der für jede Exekution benötigten Gasmenge. Von diesem höchst effizienten Ablauf gab es keinerlei Abweichung. Doch was hat diese Form von Rationalität mit Vernunft zu tun?

Sechs Jahrhunderte vor Beginn unserer Zeitrechnung beklagte Thales, einer der frühen Philosophen Griechenlands, was er die »schwere Bürde der Unwissenheit« nannte. Sich zu lieben heißt auch, sich gut genug zu kennen, um diese Bürde abstreifen zu wollen. Es heißt, gegen unsere Blindheit anzukämpfen wie einst der Apostel Paulus, als er in seiner Herzensnot ausrief: »[...] ich begreife mein Handeln nicht: Ich tue nicht das, was ich will, sondern das, was ich hasse.« (Römer 7,15)

Sich zu lieben ist nicht einfältig oder dumm. Wenn wir uns lieben, haben wir den Mut, uns aus dem Gefängnis zu befreien, in dem wir uns verschleißen, aus der Tretmühle alter Gewohnheiten und gesellschaftlicher Vorgaben auszubrechen. Dann entdecken wir in uns auch die Fähigkeit, Nein, und zwar klar und deutlich Nein zu sagen, wenn wir feststellen, dass das, was man von uns verlangt, inakzeptabel, und das, was wir fühlen, richtig ist. Mit anderen Worten: Ich liebe mich nun selbst genug, um mir zu vertrauen. Ich weiß, dass es eine Grenze gibt, die ich nicht überschreite, weil ich mich selbst liebe. Die großen Widerstandskämpfer spürten in sich diese narzisstische Regung: Es gab einen Punkt, an dem ihre Einsicht ihnen sagte, dass sie Nein sagen mussten. Mut ist im Gegensatz zur Feigheit ein zutiefst narzisstischer Akt: Wir vertrauen und glauben der Stimme unseres Gewissens mehr als dem, was die herrschende Meinung sagt.

Bei meinen Praxissitzungen zur liebenden Güte stieß ich noch auf eine weitere irrige Ansicht, die sich aber ebenso zäh hält: Man kann sich nur in der Einsamkeit selbst finden. Falsch! Mich von meinem Leben, von dem, was mich begeistert oder empört, mir gefällt oder mich langweilt, abzukoppeln, um zu mir selbst zu finden, funktioniert schlicht nicht.

Wenn wir uns selbst kennenlernen wollen, müssen wir auf Abenteuer ausziehen, anderen begegnen, unsere Fähigkeiten und Möglichkeiten erproben und uns unseren Schwierigkeiten stellen ... Ob es mir Spaß macht, vor Publikum zu sprechen, finde ich erst heraus, wenn ich es ausprobiere, und nicht, wenn ich im Bett darüber spekuliere!

Sich zu lieben ist also nichts, was nur Weicheier und Schlaffis machen. Es ist vielmehr ein (manchmal etwas ruppiger) Akt des Wohlwollens, eine Erfahrung von innerem Frieden, der nicht Gefühlsduselei ist, sondern Erschütterung. Es ist der Tag, an dem ich mich endlich entschloss, mir zu vertrauen. Ich sollte einen Vortrag halten und musste mir fast Gewalt antun, um mein ellenlanges, minutiös ausgefeiltes Manuskript zu zerreißen, das ich wie all die Jahre zuvor vorbereitet hatte. Und dann hieß es: ins kalte Wasser springen. Anfangs hatte ich echt Angst – die der Freude wich, als ich sah, dass ich sehr wohl in der Lage war, meinen Vortrag frei zu halten.

Wie schon gesagt: Sich zu lieben ist nicht einfältig oder dumm. Wir öffnen uns einem Quell der Liebe und wagen etwas zu tun, was im Rahmen unserer Möglichkeiten liegt. Sich zu lieben heißt, aus Überzeugung, nicht aus Angst vor dem Leben, Ja zu sagen. Wir haben gelernt, nicht an uns zu glauben, mögliche Risiken genau zu bemessen und zu kalkulieren – und damit auch unsere Begeisterung. Wir haben gelernt, uns selbst geringzuschätzen, uns kleinzumachen, weil wir angeblich klar erkennen, wie es um uns bestellt ist. Aber wie klar sehen wir wirklich, wenn wir uns weigern, die Augen zu öffnen?

Während der Hundstage traf ich einmal eine meiner Nachbarinnen, die ich nur selten zu Gesicht bekam, unten vor dem Haus. Wir schwitzten beide fürchterlich, und ich grüßte sie mit einem Gemeinplatz:»Ganz schön warm heute, nicht?« Sie setzte ein trauriges Lächeln auf und meinte:»Ich bin mitten in den Wechseljahren, mir ist dauernd heiß.« Dieses vertrauliche Geständnis überraschte mich, und so versuchte ich, sie zu trösten:»Gut, dass wir nicht in der Metro sind, da ist es noch schlimmer.« Schlagartig wich ihr trauriges Lächeln einem sarkastischen Grinsen:»Ich bin arbeitslos, drum fahre ich nicht mehr mit der Metro. Ich wüsste auch gar nicht wohin. Wer hat schon Lust, sich meine Visage anzuschauen?« Sie machte sich selbst gnadenlos, fast schon mit Genugtuung, fertig, hatte sich ganz in ihre Selbstverurteilung, ihren Selbsthass eingesponnen, weigerte sich, an sich zu glauben. Ich hätte ihr gern gesagt, dass sie Möglichkeiten in sich trug, die sie nur entdecken müsse, dass sie schön sei. Ich hätte sie gerne eingeladen, sich zu lieben, statt sich zu hassen. Doch egal, was ich gesagt hätte, sie hätte für alles ein Gegenargument vorgebracht. In ihrer Blindheit konnte sie alles, was ich vorbrachte, nur als Lüge oder dummes Zeug empfinden. Doch »dumm« war nur ihr Nichtsehen-Wollen. Es war wie das »Ich will nicht« oder das »Ich mag dich nicht« eines launischen Kindes. Doch meine Nachbarin war nun mal kein Kind, sondern steckte in einer Abwärtsspirale, die nur tiefer in den Abgrund führen konnte. Sie war ein erwachsener Mensch, den seine Selbstverachtung daran hinderte zu sehen, dass das Leben mit seinen Geschenken und Überraschungen immer noch da war.

Als Jugendlicher war ich nicht unglücklich, in mir loderte vielmehr ein Feuer, das mich ständig unzufrieden sein ließ. Die düsteren Gedichte, die ich damals schrieb, erregten die Aufmerksamkeit eines der Priester an dem katholischen Gymnasium, an dem meine Eltern mich eingeschrieben hatten. Oft trafen wir uns in seinem Büro, um miteinander zu reden. Immer wieder sagte er mir, ich hätte keinen Grund, alles so düster zu sehen. Die Welt sei so wunderbar und ich müsse nur lernen, die Schönheit in den Dingen, die Vögel am Himmel zu sehen. Seine Worte kamen mir damals unerträglich einfältig vor.

Seine gut gemeinte Einladung war so wenig überzeugend, weil er die problematischen Aspekte des Daseins unter den Tisch fallen ließ. Ich dagegen habe vermutlich die Nachtseite des Lebens übertrieben, doch hat mir das andererseits ermöglicht, einen Tag zu entdecken, der nicht nur leeres Versprechen war, nicht nur eine Art Beruhigungsmittel, das uns die Wirklichkeit vergessen lassen und uns einschläfern soll.

Ich glaube heute, dass der Weg ein anderer ist als der, den er mir damals weisen wollte: Es geht darum, dass wir uns in all unseren Aspekten begegnen. Es geht nicht darum, den Himmel ohne Wolken oder die Wolken ohne Himmel zu sehen. Es geht darum, die Ganzheit des Seins zu lieben, alles zu lieben, was ist.

Der Weg ist nicht, sich einzureden, dass schon alles gutgehen wird, sondern aus einer aufmerksamen, wohlwollenden Grundhaltung heraus in Beziehung zu treten mit allem, was ist, mit wirklich allem.

Mich selbst zu lieben ist weder einfältig noch dumm. Es ist vielmehr ein Akt der Intelligenz, der mich zu mir und all meinen Begrenzungen, all meiner Mittelmäßigkeit, zu meinem Potenzial und meinem Menschsein Ja sagen lässt. Ja, weil ich bin. Ja, weil ich es verdiene zu sein. Mich zu lieben ist eine Aufgabe, die einen langen Atem erfordert, ja ein Lebenswerk. Mich zu lieben ist der Punkt, von dem aus mein Leben sich entfaltet ...

11

Lernen, im Unauslotbaren zu leben

Wir müssen uns selbst begehren –
uns ewig finden, um sein zu wollen.

Paul Valery

Ich bin kein buntes Sammelsurium unterschiedlichster
Teile, das irgendjemand in einen Karton gekippt hat
und das ich jetzt auseinanderklamüsern und in eine
Ordnung bringen müsste. Ich bin ein Geschöpf im Werden, ein menschliches
Wesen, in dem Gefühle, Empfindungen, Gedanken, Er-
innerungen und Eindrücke aufscheinen, verschwinden
oder sich überlagern. Ich bin ein Mensch voller Überraschungen, den ich zum Glück niemals ganz werde er-
kunden können. Ich werde nie aufhören, mich selbst zu
überraschen.
Ich kenne ohnehin keinen einzigen Menschen, an
dem es nichts Neues mehr zu entdecken gäbe. Auch
nach dreißig gemeinsamen Jahren überrascht mein
Partner mich immer wieder, ebenso wie die Kollegen,
mit denen ich fast schon genauso lange zusammen-
arbeite. Plötzlich legen sie neue Talente an den Tag,
neue Vorlieben und Abneigungen, von denen ich keine

Ahnung hatte und sie selbst vielleicht auch nicht. Selbst unsere Kinder, die wir in die Welt setzen und großziehen und die wir durch und durch zu kennen meinen, bleiben uns tatsächlich ein Rätsel, ein »Überraschungsei«.

Ich werde für mich in meiner Gesamtheit immer unauslotbar bleiben. So kann ich zum Beispiel nicht sagen, wie ich »wirklich« reagieren würde, wenn ich Zeuge eines Dramas, eines Großbrandes oder eines Angriffs in der Métro würde. »Keiner der Umstehenden hat eingegriffen«, liest man bei solchen Vorfällen häufig in der Zeitung. Doch würde ich selbst wirklich mutig dazwischengehen? Am 14. Juli 2016 will Franck Terrier, ein ruhiger Mann in den Fünfzigern, eigentlich nur einen entspannten Abend auf der Promenade des Anglais in Nizza verbringen. Da bemerkt er plötzlich einen Laster, der in die Menge fährt. Er wirft den Motorroller, mit dem er und seine Frau unterwegs sind, unter die Räder des Lasters, um ihn abzubremsen. Als das nichts nützt und er seinen Roller verloren hat, läuft er dem Laster hinterher, hängt sich an die Fahrerkabine und schlägt durchs offene Fenster mit bloßen Händen auf den mordwütigen Terroristen ein. Minuten vorher wusste er nicht, dass er diese Art von Mut in sich hatte. Die Entdeckung war für ihn ein Schock: Monatelang kam er nicht damit zurecht, dass er das wirklich getan hatte. Sein Bild von sich als »einfachem Mann« passte in seinen Augen nicht zum Bild des Helden, der Dutzende von Leben gerettet hatte. Dieses Überraschungspaket, das wir sind, quillt über von intuitiven Einsichten, kreativen Eingebungen und Freiheit, die uns verborgen bleiben, solange wir sie nicht – auch in ganz banalen Alltagssituationen – praktisch erprobt haben. Das kann eine unerwartete Frage sein, die wir, mit uns selbst überraschender Begeisterung, bravourös beantworten. Eine mündliche Prüfung oder ein Vorstellungsgespräch, bei dem wir wider Erwarten – auch unser eigenes – glänzen. Ein kaputtes Scheunentor, das wir im Urlaub reparieren und das in uns die Lust weckt, mehr mit den Händen zu machen. Ein Wunsch, ein Projekt, ein Nein, die uns erstaunen und die wir uns nicht zugetraut hätten. Doch kaum legt sich die erste Freude, vergessen wir solche Momente meist auch schon wieder. Wir vergessen, dass wir beim Heimwerken entdeckt haben, dass wir dafür echt Talent besitzen. Wir vergessen, dass wir die Fertigstellung dieses Berichts, die Planung dieses Events vom Anfang bis zum Schluss und unter Zeitdruck voll im Griff hatten. Unsere alten Denkmuster – ein Produkt von Moralvorstellungen und Schuldgefühlen, die man uns jahrhundertelang eingebläut hat – gewinnen wieder die Oberhand und lassen uns erneut über unseren Fehlschlägen brüten. Und über unserer Zögerlichkeit: Wir haben nicht den Mut, weiterhin uns, weiterhin dem Unauslotbaren, das allein uns für den Geschmack der Fülle zu öffnen vermag, zu vertrauen.

Genau da liegt nämlich die Herausforderung: Dem Unauslotbaren in mir, auf das ich keinen Zugriff habe, kann ich nur vertrauen. Ich kann es weder kontrollieren noch nach Belieben steuern.

Dieses Unauslotbare, von dem ich spreche, hat aber nichtsdestotrotz einen Namen: unser Menschsein. Sich lieben heißt, das Menschsein, das Leben in uns, das weit über unser kleinkariertes Selbstbild hinausgeht, mit dem wir uns auf Biegen und Brechen identifizieren wollen, zu lieben. Was ich bin, ist mehr als meine Diplome, mein Beruf, mein Alter, meine Hautfarbe, meine sexuelle Orientierung oder mein Familienstand. All dies sagt sehr viel und gleichzeitig nichts über mich aus, denn ich bin sehr viel mehr als das. Ich bin größer, schöner, vielfältiger, vielschichtiger. Mein Freund, der seine Seelenpartnerin auf diversen Online-Datingportalen suchte, lernte dort nur Frauen kennen, die zu den Eigenschaften »passten«, die er angeklickt hatte. Seine Seelenpartnerin, die er später kennenlernte, entsprach keiner der angeklickten Optionen. Sie war weit mehr als diese Kästchen, und sie passte perfekt zu ihm, einfach so, ohne jeden Grund. Und er liebte sie grundlos, denn das ist die einzige Art wirklich zu lieben. Das Rätsel des Lebens ist voller Wunder.

Wer bin ich wirklich? Das ist die Frage, die die Sphinx an Ödipus stellt und die sein Todesurteil werden kann, wenn er sie nicht zu beantworten weiß. »Welches Wesen ist am Morgen vierfüßig, am Mittag zweifüßig und am Abend dreifüßig?« Vor Ödipus hatten schon viele vergeblich versucht, die Identität dieses Wesens zu erraten, und wurden deshalb verschlungen. Ödipus begreift als Erster, dass es bei dieser Frage um etwas anderes geht als um die Identität dieses Wesen. Sie zielt vielmehr auf das Menschsein an sich, das weder definiert noch festgehalten oder eingegrenzt werden kann. Es geht um den Menschen, der sich selbst ein unauslotbares, immer wieder überraschendes Rätsel bleibt, selbst wenn er versucht, sich hinter Etiketten, Bankkonto, Aussehen oder sozialer Stellung zu verstecken, bis sein Menschsein dahinter verloren geht.

Ich habe keine endgültig festgeschriebene Identität. Heute bin ich ein Erwachsener und morgen ein Greis. Ich verhalte mich nicht immer klug. Mal habe ich Lust, faul zu sein, mal bin ich fleißig. Und ich weiß nicht, was ich in fünf oder zehn Jahren machen werde. Ich bin einfach das Menschsein in mir. Doch leider verbringen wir unsere Zeit damit, dieses Menschsein im Namen unserer diversen Identitäten mit Füßen zu treten, und denken gar nicht daran, das sein zu lassen. Wir sehen unser Menschsein nicht, wir lauschen ihm nicht, wir hören nicht auf das, was wir brauchen, um zu wachsen. Wir legen die Hände in den Schoß und lassen uns von der Sphinx, das heißt vom Lauf der Dinge, verschlingen. Das ewig Gleiche gibt uns ein Gefühl der Sicherheit: Die Vorstellung, die ausgetretenen Pfade zu verlassen, macht uns Angst. Darüber vergessen wir aber, dass es das ewig Gleiche nicht gibt. Aus Furcht, aus einer Augenblickslaune heraus vielleicht etwas Dummes zu tun, gestatten wir uns nicht, in uns hineinzuhorchen, einen Schleichweg zu nehmen und querfeldein zu gehen. Wir programmieren unser Dasein und würden am liebsten alles kontrollieren, weil wir Angst vor dem Leben haben.

Das Unauslotbare, zu dem ich tendiere, findet sich im subtilen Gleichgewicht zwischen Verstand und Gefühl, zwischen Empfindungen, Intelligenz und Intuition. Nicht Methoden oder Gebrauchsanweisungen führen uns dorthin, sondern nur Versuch und Irrtum sowie die Bereitschaft, immer wieder neu anzufangen, uns zu vertrauen und auf das zu achten, was im Moment gerade geschieht. Der Verstand erfüllt seine Funktion, wenn er die Dinge immer wieder hinterfragt, nicht, wenn er sich einbildet, stets im Recht zu sein. Die Emotion, die sich im Recht wähnt, hört auf, gerecht zu sein. Das Rätsel der Sphinx ist die wiedergefundene Einheit jenseits von Vernunft, jenseits von Emotion, jenseits der Kästchen, in die wir unser Leben zergliedern: hier Arbeit, da Leidenschaft, dort Familie und wieder woanders unsere Bedürfnisse. Doch ich bin das alles in allem. Das Unauslotbare, das sich mir entzieht, eben das bin ich.

Rembrandt, ein herausragender Maler, erkor sich selbst zu seinem Lieblingsmodell und schuf an die hundert Selbstporträts. Woraufhin manche Leute ihm eine egozentrische Persönlichkeit bescheinigten. Doch man muss sich seine Bilder nur aufmerksam anschauen, um zu sehen, dass da nichts beschönigt wird. Auf seinen letzten Selbstporträts, die kurz vor seinem Tod entstanden, ist er ein gebeugter, fast schon hässlich zu nennender Greis und doch von einer faszinierenden Authentizität. Rembrandt erforschte mit leidenschaftlicher Besessenheit die *conditio humana*. Er verbrachte sein Leben mit der Suche nach diesem Unauslotbaren, nicht zu Ergründenden. Zweifellos hat er es mehrfach gestreift, aber nie gefunden, weil es letztlich nicht zu finden ist. Doch er zeigt es, wie kein anderer Maler dies vermocht hat. Er zwingt es nicht in den Schraubstock. Seine Malerei ist ein geheimes Geständnis, eine Hand, die sich uns freundlich entgegenstreckt.

Was ist dieses unauslotbare Menschsein in mir? Ich werde darauf nie eine endgültige Antwort haben, doch die Antworten, die in mir aufblitzen, will ich nicht an die Kandare legen. Es sind dies Momente in meinem Leben (und wohl die schönsten), in denen ich mir vertraue und meine Flügel ausbreite. Und es wage, vor meinem Vortrag mein Manuskript zu zerreißen. Oder von den Plänen abzuweichen, die ich für diesen Tag, das Wochenende, meinen Urlaub gemacht habe, und meinem Leben damit eine andere Richtung gebe, eine Richtung, die besser zu dem passt, was ich bin. Momente, in denen ich wage, voll und ganz Ja zu mir selbst zu sagen – und manchmal auch Nein.

Das französische Wunderkind Lucas Debargue bekam im Alter von elf Jahren ein paar Klavierstunden, gab aber das Klavierspielen mit sechzehn auf, weil er sich lieber mit seinen Kumpels vergnügen wollte. Einige Jahre später – er hatte ein paar grundlegende Kenntnisse behalten – klimperte er abends auf einer Party mit Freunden zum Spaß auf dem Klavier herum. Da merkte er, dass das Klavier für ihn viel mehr war als ein Zeitvertreib: eine Leidenschaft, ein Pfad, der sich vor ihm öffnete. Er gab sein Studium auf, ging ans Konservatorium und beschloss, einer spontanen Eingebung folgend, am Tschaikowsky-Wettbewerb teilzunehmen, einem der renommiertesten Musikwettbewerbe der Welt, quasi das Auswahlverfahren für den Nobelpreis der Musik. Als er es in die Vorauswahl schafft, ist er selbst am meisten erstaunt. So erstaunt, dass er seine Klavierlehrerin in Paris anruft. Diese nimmt das nächste Flugzeug und kommt zu ihm nach Moskau: Ihr Schüler hat keinen korrekten Anschlag und bringt es meist auch nicht auf die acht Stunden Üben täglich. Aber er legt seine ganze Seele in sein Spiel. Er belegt den vierten Platz und erhält zudem den Preis der Musikkritiker. Viele von ihnen hätten ihm den ersten Preis gewünscht. Seitdem zählt er zu den weltweit besten Pianisten.

Wie hat er das geschafft? Diese Frage stellten ihm später die Medien aus aller Welt. Seine Antwort war immer die gleiche: »Wenn man ein Stück perfekt spielen möchte, dann heißt das, dass man die Musik opfern muss. Der Musiker stellt sich an die erste Stelle und sagt: ›Schaut, wie gut ich spiele‹, aber darin liegt keine Musik. Denn im Spiel weiß man nicht, was in der nächsten Sekunde passiert.«

Debargue hatte Erfolg, weil er sich selbst gegenüber die richtige Haltung einnahm, mit anderen Worten, weil er narzisstisch war. Er hat auf das gehört, was er in sich trägt, und wurde sich seiner Fähigkeiten bewusst: der Musik, die in ihm lebt. Wäre seine Selbstachtung intellektueller Natur gewesen, hätte er seine Teilnahme am Wettbewerb wohl abgesagt, denn objektiv betrachtet hätte er ausscheiden müssen. Sein Narzissmus, sein Vertrauen in das Unauslotbare, das größer ist als er selbst, hat ihn dieses Abenteuer wagen lassen. Dafür hat er gespielt, für die Musik. Er stellte sich keine Fragen, er erstrahlte einfach.

Im Unauslotbaren zu leben bedeutet, mir zur Gewohnheit zu machen, sich grundlos zu vertrauen; die Bereitschaft zu entwickeln, auf etwas in sich zu lauschen, das allen Gepflogenheiten und vor allem der herrschenden Meinung zuwiderläuft, dem, was andere erwarten, dem »Ich«, das man nicht ist. Jeden Morgen, wenn ich zur Arbeit gehe, habe ich einen Kloß im Hals? Aber dieser Kloß ist nun mal da, und er will mir etwas sagen. Zu hören, was er zu sagen hat, und zu erkennen, warum er da ist, heißt nicht, dass ich ab sofort zu Hause bleibe. Sie und ich wissen sehr wohl, dass es nicht genügt, zu diesem Kloß »Los, verschwinde!« zu sagen. Davon geht er nicht weg. Doch wenn wir aufpassen, was er uns sagen will, dann haben wir einen Anhaltspunkt, von dem aus wir uns weitertasten können. Ich gehe also zur Arbeit, völlig klar. Doch ich habe erkannt, was ich ändern muss, sei es meine innere Haltung, seien es meine Lebensumstände. Vielleicht führt mich dieser Kloß zu dem Unauslotbaren, das ich bin ...

Ich war siebzehn und nicht unbedingt der Überflieger, aber ich hatte mir eine schräge Idee in den Kopf gesetzt: Ich wollte eine Zeitung machen. Und schließlich wurde aus meiner Idee ein Klassenprojekt, zu dem jeder Schüler nach seinem Interesse beitragen sollte. Einige nahmen die Tagespolitik unter die Lupe, andere berichteten über den Schulalltag am Gymnasium. Da ich selber Gedichte schrieb, kam mir irgendwann die glorreiche Idee, ich könnte doch in unserem bescheidenen Blättchen Interviews mit meinen großen Vorbildern veröffentlichen.

Also verschickte ich zahllose Briefe, in denen ich mein Anliegen in etwas ungeschickten Worten vortrug. Wider alles Erwarten öffneten einige der Angeschriebenen mir tatsächlich ihre Tür: Claude Simon und Alain Robbe-Grillet erklärten sich bereit, sich mit mir zu treffen. Das waren natürlich absolute Highlights in meinem jungen Leben. Der Maler Pierre Soulages, den ich zutiefst bewunderte, empfing mich in seinem Atelier, wo ich ihm erzählte, dass ich selbst auch malte. Ich weiß nicht, was am Ende sein Herz erweicht hat, sicher eher mein Wunsch als irgendwelche rationalen Argumente. Jedenfalls kam er zu uns nach Hause, um sich meine Bilder anzusehen und mir ein paar Tipps zu geben. Zwanzig Jahre später begegnete ich ihm erneut.

Wieder, um ihn zu interviewen, diesmal jedoch für eine große Zeitschrift. Zu meinem Erstaunen war seine erste Frage an mich: »Kann es sein, dass ich Sie kenne? Sie erinnern mich an jemanden.« Ich erzählte ihm von unserer ersten Begegnung, und er konnte sich tatsächlich noch an seinen Besuch bei mir zu Hause erinnern.

Sich dem Unauslotbaren zu nähern hat nichts mit einer bestimmten Technik zu tun, sondern mit einem Weg, den wir häufig nicht gehen, weil seine Einfachheit uns misstrauisch macht. Ich habe ihn nicht eingeschlagen, indem ich mich hilfesuchend an andere gewandt habe. Ich habe ihn eingeschlagen, indem ich mich öffnete für andere Menschen, für die Welt, für mich selbst ...

12

Von der Wichtigkeit, schön zu sein und Sorge für sich selbst zu tragen

Der flächendeckende Narzissmus verwandelt alle
Wesen in Blumen, und er vermittelt allen Blu-
men ein Bewusstsein ihrer Schönheit.

Gaston Bachelard

Meine Großmutter starb mit siebenundneunzig. Die letzten Jahre ihres Lebens verbrachte sie in einem Altersheim. Sie wurde dort sehr gut versorgt, trotzdem hatten ihre Kinder eine Gesellschafterin für sie engagiert, die sie ein- oder zweimal pro Woche besuchte, sie zum Friseur brachte, ihr die Nägel lackierte oder sie zum Einkaufen begleitete. Meine Großmutter hatte immer großen Wert auf ein gepflegtes Erscheinungsbild gelegt. Sie war eine sehr elegante, auf ihr Äußeres bedachte Frau gewesen. Die Gesellschafterin und die scheinbar belanglosen Dienste, die sie leistete, hatten großen Anteil daran, dass meine Großmutter sich bis zum Schluss ihren Lebenswillen, ihre Daseinsfreude, ihren Schwung bewahrt hat. Nach der Maniküre oder dem Besuch beim Friseur »fühlte sie sich besser«. Diese Art der Zuwendung steigerte auch ihr Selbstvertrauen.

Ich habe sie oft besucht und manchmal sagte ich dann: »Wie schön du heute bist, Oma.« Das war keine Lüge, um ihr eine Freude zu machen. Sie war wirklich schön, ungeachtet ihrer Falten, ungeachtet ihres Körpers, der ihr nicht mehr so gehorchte, wie sie das gern gehabt hätte, und ungeachtet ihrer immer blasser werdenden Augenfarbe. In so einem Moment ging ein Leuchten über ihr Gesicht. Sie wusste, dass es stimmte, was ich sagte.

Wir fragen uns nie, warum wir Menschen schön finden, die nicht dem gängigen Schönheitsbild entsprechen, weil sie alt, klein oder pummelig sind und vielleicht eine zu große Nase haben. Sie sind schön, obwohl sie dem Kanon zufolge mit »Makeln« behaftet sind.

Eine Freundin von mir engagiert sich seit Jahren in einem Verein, der in Kliniken Schminkkurse für krebskranke Frauen anbietet, bei denen aber auch immer wieder ein paar Männer mitmachen. Und immer noch ist sie erstaunt, wie plötzlich ein Leuchten in den Augen der Patienten aufblitzt, wenn sie sich unter Anleitung der Kosmetikerinnen schön gemacht haben: »Sie sehen sich und finden sich schön. Etwas an ihrer Haltung, an ihrem Ausdruck bewirkt, dass sie tatsächlich schön sind. Etwas, das über nebensächliche Details hinausgeht, über die Spuren der Behandlung oder den nicht ganz exakt gezogenen Lidstrich. Sie lächeln sich im Spiegel an, als würden sie Hallo zu sich selbst sagen. Sie versöhnen sich mit ihrem Erscheinungsbild und gehen mit dem Schminktäschchen unterm Arm mit mehr als nur frischem Elan aus dem Kurs: Sie haben wirklich Lust aufs Leben.«

Die Beobachtungen der Kosmetikerin, meine Erlebnisse mit meiner Großmutter und die Erfahrungen eines Friseurs, der mir versicherte, sein Beruf bestehe nicht nur darin, die Leute zu frisieren, sondern ihnen ihr Selbstvertrauen wiederzugeben, sind es wert, dass wir sie näher betrachten.

Die Moralvorstellungen, die unsere Kultur im Laufe der Geschichte entwickelt hat, sehen in dem Wunsch zu gefallen einen Charakterfehler. Sich selbst im Spiegel zu bewundern ist ein Zeichen von Eitelkeit und damit Sünde.

Die Museen hängen voll mit Bildern von Frauen, die sich im Spiegel betrachten, der ikonografisch als Symbol der Eitelkeit, der Illusion und des spirituellen Verderbens gilt. Manchmal zeigen diese Bilder auch Frauen, die ihr Haar abschneiden und sich verunstalten, um zu demonstrieren, dass sie fortan allein nach innerer Schönheit streben, der vermeintlich einzigen, die von Wert ist.

Wir sind schon aufgrund unserer Geschichte zutiefst überzeugt, dass die Schönheit der Seele und die des Körpers nicht zusammengehen. Die eine stellt die andere in den Schatten. Was für eine merkwürdige Vorstellung ...

Hat meine Großmutter eine Verfehlung begangen, weil sie sich mit siebenundneunzig Jahren noch um lackierte Nägel und ihre Frisur sorgte? Sie wollte auf diese Weise ganz sicher nicht ihr Alter kaschieren, denn darauf war sie sogar stolz. Sie benutzte Lippenstift nicht, um von ihren Falten abzulenken, sondern um ihre Lippen zu betonen, die vielleicht nicht mehr so voll waren wie einst, aber nichtsdestotrotz schön.

Es ging ihr nicht darum, verführerisch zu wirken. Das war, soweit ich das beurteilen kann, ohnehin nie ihr Wunsch. Wenn sie sich schminkte, tat sie das nicht, um sich hinter dem Make-up zu verstecken oder jemand anderer zu sein. Sie wollte ganz im Gegenteil zeigen, wer sie war, und ihre Züge besser zur Geltung bringen. Sie machte sich weniger für andere schön als für sich selbst. Und damit hatte sie absolut recht.

Die Unterscheidung, die wir traditionell zwischen Körper und Geist, zwischen Materiellem und Geistigem, zwischen Nichtigem und Wichtigem treffen, hat uns die Welt in zwei Lager teilen lassen, zwischen denen ein tiefer Graben zu bestehen scheint: Auf der einen Seite befinden sich die von ihrem körperlichen Erscheinungsbild betörten »Narzissten«, auf der anderen Seite die »ernsthaften« Menschen, die ihre kostbare Zeit nicht mit Schönheitspflege vergeuden. Ersteren unterstellen wir automatisch mangelnden Tiefgang. Sharon Stone soll überdurchschnittlich intelligent sein? »Davon sieht man aber nichts!« Letzteren hingegen vertrauen wir bereitwillig, ohne zu überprüfen, ob sie unseres Vertrauens auch würdig sind.

In diesem geradezu grotesken Gegensatz liegt eine der Hauptwurzeln unseres Leidens. Ich habe mir angewöhnt, dieses Thema bei den Meditationskursen, die ich seit einigen Jahren leite, zur Sprache zu bringen. Was tut mir gut, was hilft mir, zu meinem Einssein zurückzufinden, und lässt mich so lebendiger sein? Die Teilnehmer erwarten dann gewöhnlich irgendwelche grandiosen Antworten – drei Monate als Einsiedler auf einem einsamen Berggipfel im Himalaja verbringen, um zu meditieren, irgendwelche Einweihungen empfangen, sich dem Dienst am Nächsten hingeben, die (roten oder gelben) Roben nehmen?

Was ich ihnen dann tatsächlich vorschlage, ist weit bescheidener, auch wenn sich einige dadurch vielleicht herabgesetzt fühlen: zum Beispiel nach einem anstrengenden Tag ausgiebig duschen. Das tut nämlich auch der Psyche wahnsinnig gut. Darauf achten, was ich esse. Mich auf dem Massagetisch genüsslich den erfahrenen Händen von Clément überlassen, denn das entspannt mich und bringt mich wieder in meinen Körper zurück. Mein neues Sakko anziehen und dazu sorgfältig die passende Krawatte aus meiner Sammlung auswählen, mich im Spiegel betrachten und mit dem Anblick zufrieden sein, auch wenn ich kein Dressman bin. Das macht mir Freude und stärkt mein Selbstvertrauen. Im Park spazieren gehen und den Duft der Rosen einsaugen. Ja, ich sorge für mich, um das Leben in mir zu nähren. Mein Ich ist weder rein körperlich noch rein geistig. Es ist eine Einheit, die Geist und Körper umfasst. Wenn ich das eine auf Kosten des anderen vernachlässige, misshandle ich das Menschliche in mir.

Zuzugeben, dass man es genießt, auf sich und sein Erscheinungsbild zu achten, gilt dennoch immer noch als der Gipfel der Eitelkeit. Und diese Einschätzung wird durch das Treiben der heutigen Ikonen in den sozialen Netzwerken noch verstärkt. Wenn eine Kim Kardashian täglich irgendwelche abstrusen Selfies auf Instagram postet, wenn eine Paris Hilton behauptet: »Es gibt keine Zweite wie mich auf der Welt. Jedes Jahrzehnt hat ihre blonde Ikone. Zuerst war es Marilyn Monroe, dann Prinzessin Diana und jetzt bin ich es«, dann beklagen wir ihren Narzissmus und ihre egozentrische Selbstverliebtheit.

Doch Kim Kardashian und Paris Hilton sind keine Narzisstinnen, ganz im Gegenteil: Sie lieben sich nicht. Sie lieben sich so wenig und vertrauen sich so wenig, dass sie Angst davor haben, sich so zu zeigen, wie sie wirklich sind. Sie photoshoppen ihre Selfies, glätten alle Unebenheiten und überfluten die Netzwerke mit Bildern von sich, die mit der Realität nichts mehr gemein haben. Sie zimmern sich ein Idealbild zusammen, dem sie verzweifelt zu entsprechen versuchen. Sie vertrauen nicht dem, was sie sind, weil sie nicht wissen, was sie sind.

Frauen wie Kim Kardashian begegnen mir jeden Tag zuhauf auf der Straße: entstellt durch exzessive Schönheitsmedizin und ästhetische Chirurgie, Gesichter, die unter ihrem dicken Make-up zur Maske erstarrt sind. In ihrer unersättlichen Suche nach Schönheit rennen sie wie Verdurstende weiter und immer weiter irgendeinem Modell nach, das sie bewundern, das aber mit ihnen rein gar nichts gemein hat. Sie lieben dieses Modell, aber nicht sich selbst. Ihr höchstes Ziel ist es, »auszusehen wie ...«. Bloß nicht sich selbst ähneln. Sie finden nichts Liebenswertes an sich, und dieser Schmerz hat seine Ursache darin, dass sie sich nie begegnet sind.

Diese Frauen sind das genaue Gegenteil eines Rembrandt oder eines Montaigne, der uns ein bewundernswertes Beispiel für wahren Narzissmus gibt, wenn er aufrichtig sagt, er liebe seine »ergraute Rübe«, nicht weil sie schön sei, sondern weil sie die seine sei. »Es ist wider die Natur, dass wir uns selbst verachten und für wertlos halten«,[14] schreibt er mit einer Selbstverständlichkeit, die mich immer wieder frappiert.

Doch kann ich auch die Entscheidung einer Freundin respektieren, die, in die Vierziger gekommen, sich die Nase »korrigieren« ließ, weil sie Frieden mit sich schließen wollte. Mit narzisstischem Gestus schärfte sie ihrem Chirurgen ein: »Ich will, dass man mich hinterher noch erkennt. Ich will ich selbst bleiben, nur ein bisschen aufgebessert, mit einer Nase, die immer noch unvollkommen ist, aber nicht mehr ganz so unvollkommen.« Und sie blieb, fröhlich und von einer Last befreit, sie selbst.

Ich bin narzisstisch, wenn ich Sorge für mich trage, um »mich wohler zu fühlen«, nicht, um auf andere Eindruck zu machen. Es wird ohnehin immer ein Model oder einen Dressman geben, der auf andere noch mehr Eindruck macht als ich. Ich bin narzisstisch, um meine Batterien wieder aufzuladen, wenn ich in mich hineinhorche, wenn ich wieder etwas von meiner Schönheit, die immer schon vorhanden war, entdecke und ihr Gelegenheit gebe, sich zu entfalten. Ich bin narzisstisch, wenn ich mir vom Friseur nicht dieselbe Frisur wie diese Schauspielerin oder jener Sänger machen lasse, sondern mir die Haare so schneiden lasse, dass ich noch mehr ich selbst bin. Ich bin narzisstisch, wenn ich am Morgen in den Spiegel gucke und mich schön finde und diese Feststellung mich aufbaut. Meine Beziehung zu den Dingen und zu anderen Menschen bekommt so eine andere Färbung. Ich ziehe nicht den Kopf ein wie an jenen Tagen, an denen ich, ohne genau zu wissen wa-

14 Michel de Montaigne, *Essais*, II, 3, München 2011, S. 39.

rum, meine Visage schrecklich finde. Ich öffne mich der Welt und werde dadurch ein anderer.

Vor ein paar Jahren merkte ich, dass ich langsam, aber sicher gut zehn Kilo zugenommen hatte, die ich mit mir herumschleppte. Ich habe mit allen möglichen Diäten vergeblich versucht abzuspecken. Nach ein paar Tagen oder Wochen füllte ich mir wieder genüsslich den Teller und tat mir dabei schrecklich leid. Dann eines Tages unter der Dusche wurde mir bewusst, dass mir mein Körper so nicht gefiel. Ich habe einfach nur achtsam dieses Gefühl registriert, ohne etwas dazuzutun oder mir Vorwürfe zu machen. Das löste eine tiefe Veränderung in mir aus. Dieser schwere Körper entsprach mir nicht. Schluss, aus. Ich wollte mich wieder ganz in mir wohlfühlen können. Um meinetwillen. Und so habe ich aus reinem Narzissmus zehn Kilo abgenommen. Ohne jeden Zwang. Ich war nicht mehr im »Du musst«-Modus, sondern tat einfach, was für mich richtig war, ohne Gewalt oder Druck. Ich habe nur auf meine Gefühle geachtet, darauf, was ich beim Essen empfand. Ich lernte, meiner Nahrung, meinem Körper, meinen Gefühlen, mir selbst gegenüber netter zu sein. Dies waren durchaus schöne Wochen.

Doch selbst mit zehn Kilo weniger sehe ich nicht so aus wie die Dressmen in den Zeitschriften. Mein Körper ist nicht von außergewöhnlicher Schönheit, aber es ist meiner. Meine Narbe an der Lippe ist immer noch da, doch ist sie mittlerweile so was wie eine alte Freundin geworden, und im Grunde mag ich sie ganz gern. Mit meinen zwei linken Händen bin ich nachsichtig geworden, auch wenn sie mich manchmal noch nerven.

Ich habe mich in mir – meine Tollpatschigkeit einge-
schlossen – häuslich eingerichtet. Sehe ich gut aus? Ich
weiß es nicht, aber ich liebe mich und ich gebe auf mich
acht. Seit ich zu mir Ja, bedingungslos Ja gesagt habe,
stelle ich fest, dass mein Äußeres gewonnen hat. Dieses
Ja war für mich eine Befreiung, es hat mich geheilt.

13

Von der Wichtigkeit, »ich« zu sagen und von sich selbst zu sprechen

Ich bin größer, besser als ich dachte.
Ich hatte nicht gewusst, dass so viel Gutes in mir
steckte.

Walt Whitman[15]

Leonard Zelig, das menschliche Chamäleon, dargestellt von Woody Allen in dem gleichnamigen Film, ist die Symbolfigur unserer Zeit. »Es ist ein beruhigendes Gefühl, so zu sein wie alle anderen. Ich möchte, dass man mich liebt«, sagt er in seiner Verzweiflung, als man ihn zu seiner eigenartigen physischen und psychischen Verwandlungsfähigkeit befragt: Er ist dick bei den Dickleibigen, schwarz bei den Schwarzen, Bischof bei den Bischöfen, Nazi bei den Nazis, Rabbiner, Boxer, Jazzer, Mafioso – alles, doch nie er selbst, immer ein anderer. Er ist nie »ich«, immer »wir«. Sein einziges Bestreben ist es, sich die Rolle einzuverleiben, die ihm die Gesellschaft zuteilt. Das Einzige, wovor er Angst hat, ist Ab-

15 Walt Whitman, »Gesang von der offenen Straße«, in: Ders., *Grasblätter*, Frankfurt a. M. 2009, S. 192.

lehnung. Sein Fall erregt die Aufmerksamkeit der Ärzteschaft, und schließlich entdeckt eine Psychoanalytikerin die Ursache des Phänomens: Zelig leidet unter dem quälenden Verlangen nach Liebe. Sicherlich in satirischer Form erzählt der Film von einem der am weitesten verbreiteten Übel der heutigen Zeit: von der Angst, man selbst zu sein.

Wir wurden dazu erzogen, das als egozentrisch verrufene Wort »ich« aus unserem Sprachschatz zu verbannen und durch das bescheiden daherkommende »wir« zu ersetzen. Aus Höflichkeit sollen wir uns hinter einer kollektiven Identität, aus Vorsicht hinter dem Schutzwall der Gruppe verstecken. »Ich« denke nicht, »wir« denken. »Ich« sehe nicht, »wir« sehen. Dies ist der Preis, den wir im Namen einer sakrosankten, aber illusorischen Objektivität entrichten, und der Garant dafür, dass zurechtgeschliffen wird, was an uns eigen war. »Ich«, das ist das verfluchte »Ego«, das es zu erledigen gilt, das Folteropfer zahlloser Meditationsgruppen, die sich einzig zu dem Zweck zusammentun, um ihm endgültig den Garaus zu machen.

Als ich meine Dissertation schrieb, habe ich tatsächlich immer »wir« gesagt, wo ich mich meinte. Das Wort »ich« zu verwenden war schlicht undenkbar. Es hat einige Zeit gedauert, bis ich erkannte, wie sehr dieses »wir« mich daran gehindert hat, selbstständig zu denken. Es war eine Zwangsjacke, die jede wirkliche geistige Entfaltung verhinderte. »Ich« zu sagen, so hören wir, sei das Vorrecht der Dichter und bleibe auf unwichtige Äußerungen beschränkt. Mir geht es aber nicht um das künstliche, affektierte »Ich«, das Politiker und andere Personen des öffentlichen Lebens gern in den

Mund nehmen, um zu verschleiern, dass sie in Wirklichkeit gar nichts sagen. Ich spreche hier von dem authentischen »Ich«, hinter dem jemand steht, einem »Ich«, das berührt. Ich spreche von dem »Ich«, das uns beispielsweise in den Äußerungen von Passanten begegnet, die auf der Straße zu etwas befragt werden. In diesen angeblich belanglosen Aussagen, über die man sich in den Medien im Gegensatz zu den hochgelehrten Expertenmeinungen lustig zu machen pflegt. Ich lese, sehe und höre mir diese kurzen Stellungnahmen gerne an. Sie kommen von Herzen und sind echt. Meistens sagen sie mir auch mehr als lange, geschliffen formulierte Kommentare oder abgehobene Theorien von Leuten, die, fern jeder unmittelbaren Erfahrung, ihr Wissen nur aus Büchern beziehen. Dieses »Ich« erzählt uns etwas über das Leben.

Auch ich habe anfangs ein reines Bücherstudium betrieben. Viele Jahre lang habe ich es mir übel genommen, dass ich es einfach nicht schaffte, mich für meine Philosophieseminare zu interessieren, die etwas von einem Baukastensystem an sich hatten. Weil ich dort immer nur mit Konzepten zu tun hatte, die einzig meinen Verstand ansprachen, sah ich dieses Fach am Ende nur als fruchtlose, lebensferne, sich gegen die Wirklichkeit abschottende Spielerei – bis zu dem Moment, da ich Sokrates durch meine eigene Brille las. Ich folgte ihm auf die öffentlichen Plätze, wo er die Leute in ein Gespräch verwickelte, um sie zu sich selbst zurückzubringen. Sokrates hat mich wieder mit der Welt der Ideen versöhnt, indem er mein Augenmerk zurück auf das Wesentliche der Philosophie lenkte: auf mich. Er hat mir erlaubt, mit mir selbst in Dialog zu treten. Er hat mich denken gelehrt. Ich begriff plötzlich das »Wir« und die großen Theorien dank dieses »Ich«, dank meiner Einzigartigkeit. Ich habe das Universelle begriffen, als ich es unter dem Mikroskop meiner Individualität betrachtete. Sokrates hat mich zum Narzissmus geführt.

Dieser große Lehrer hat mich auch lesen gelehrt. Lesen heißt nicht, Informationen aufsaugen, sondern den Text befragen, mit ihm auf Entdeckungsreise gehen, zulassen, dass er zu uns spricht und uns verändert. Philosophie ohne Narzissmus ist Gift. Literatur ohne Narzissmus ist Gift. Film ohne Narzissmus ist Gift. Weil mich das nicht berührt, nicht lebendig macht. Ich kenne gelehrte Affen, die sich lang und breit über das Leben ergehen können, indem sie Literaturverweis an Literaturverweis reihen. Doch diese Leute sind todlangweilig, unfähig, den Funken der Begeisterung, des Lebens, im Herzen ihrer Zuhörer zu entfachen. Ich lese Romane, schaue mir Filme an, große Romane und große Filme, die mir helfen zu leben. Was sie gemeinsam haben? Es sind Geschichten über Menschen, über Herrn und Frau Jedermann, über Emma Bovary und Vater Goriot. Es sind die Geschichten der Menschheit.

Ich fotografiere mit Leidenschaft und habe sogar mal eine Zeit lang an der Uni Fotokurse gegeben. Ich wollte, dass mir meine Studenten persönliche – und ich bestand auf diesem Wort – Arbeiten brachten. Was sie mir dann aber zeigten, waren Fotos, wie man sie meiner Meinung nach überall sah. »Wir«-Fotos, geleckt und anonym. Gut komponiert, aber ausdruckslos. Auf meinen Druck hin zeigten sie mir dann ihre anderen Fotos, die, die sie aussortiert hatten in der Meinung, dass sich keiner dafür interessieren würde. Fotos, die voller Leben waren, Fotos, die sie ganz ungeschminkt zeigten, auch wenn sie selbst gar nicht auf dem Bild waren. Ein Student ist mir in besonderer Erinnerung geblieben. Er fotografierte nur Bäume, nichts sonst. Ich kam in den Genuss von Bildern majestätischer Eichen und hundertjähriger Olivenbäume. Doch hatte er unter all seinen Aufnahmen auch andere, sehr persönliche Bilder, zwar auch wieder Bäume, doch mit diesen Bildern sagte er »ich« auf eine Weise, die mich manchmal beinahe verlegen machte. Während er sie mir zeigte, sagte er ständig, diese Arbeiten seien zu persönlich, um wahrhaft Fotografie zu sein.

Er entschuldigte sich quasi für seine Fotos. Er war überzeugt, dass »ich« banal und uninteressant ist, dass es diesen Bildern an Glanz und Genie fehlte. Er wollte lieber seine Ideen darstellen als seine Gefühle und Empfindungen. Doch Ideen, Gedanken sind nie einmalig: Was ich denke, denken Millionen andere auch. Was ich dagegen fühle, das fühle nur ich allein. Nur wenn wir diese Art von Einzigartigkeit zum Ausdruck bringen, heben wir uns vom Kollektiven, Allgemeinen ab und nähern uns so unserem Menschsein. Diese veränderte Perspektive versetzte ihn sodann in die Lage, sein immenses Talent zu nutzen.

»Ich« ist nicht auf Gelehrsamkeit angewiesen, um sein Genie zu offenbaren. Denn es ist ja nicht nur mein Wissen, das mich genial macht, sondern auch und vor allem mein Fühlen. »Ich bin genial« heißt keineswegs, dass ich perfekt und allen überlegen bin, dass ich intelligenter und bewunderungswürdiger bin oder prestigeträchtigere Abschlüsse vorzeigen kann.

Ich bin genial, weil ich ein Mensch bin und somit in mir das Genie trage, das jeder Mensch in sich trägt. Ich bin genial, weil ich fähig bin, diesem Genie Ausdruck zu verleihen, wenn mir meine Apfeltarte gelingt, wenn ich lerne, ein guter Zuhörer oder ein guter Lehrer zu sein, wenn ich bemerkenswertes Geschick in meinem Handwerk an den Tag lege. Mein Großvater war Schneider von Beruf, und wenn unter seinen Fingern die Nadel mit dem Faden tanzte, so zeigte sich sein Genie. Er hatte nie eine Schule besucht und sprach nur schlecht Französisch, aber er war Schneider mit Leib und Seele. Das war das Metier, in dem er sich entfalten konnte.

Ich bin genial, weil ich ein Kind dieser Erde bin, weil ich unvollkommen bin und keiner Norm entspreche. Ich bin genial, weil ich so bin, wie ich bin, weil ich einzigartig bin und mir vertrauen kann und darf.

Narziss ist die Gestalt, die uns davor bewahrt, zu Zelig zu werden. Und diese Gefahr ist umso gravierender, als wir uns nie bewusst machen, dass wir bereits auf dem besten Wege dahin sind. Wir werden von frühester Kindheit an im Namen einer Leistungsideologie darauf konditioniert, nie mehr »ich« zu sein. Schule und Erziehung passen sich nicht an die Kinder an, sondern die Kinder sollen sich an die Schule, an uns anpassen. In der Arbeitswelt beschränkt sich die »Unternehmenskultur« nicht darauf, die Mitarbeiter zu einem Team zu formen, sondern ist eher der Schraubstock, dem im Namen der Harmonie alles geopfert wird, was anders, eigenständig, bereichernd sein könnte.

»Ich« ist nicht eitel. Es ist auch nicht, wie viele vorschnell meinen, die Domäne von Schwätzern und Quasselstrippen, bei denen man sich gar nicht erst traut zu

fragen, wie es ihnen geht. Wir müssen ihnen nur mal
kurz zuhören, um festzustellen, dass ihr Wortschwall
nichts weiter ist als leeres Gerede und Verstellung.
Selbst wenn solche Leute über sich selbst reden, hat
das nur den einen Zweck: die Begegnung, die Berührung mit sich selbst zu vermeiden. In Wirklichkeit laufen sie vor sich davon und schwafeln, um nicht über
sich reden zu müssen.

Der amerikanische Psychologe James Pennebaker hat
erforscht, inwieweit man vom Sprachgebrauch eines
Menschen auf dessen Persönlichkeit bzw. eventuelle
psychische Erkrankungen schließen kann. So hat er unter anderem gezählt, wie oft jemand »ich« bzw. »wir«
sagt. Dazu hat er mehrere Zehntausend mündlicher
Äußerungen aus dem privaten wie aus dem öffentlichen
Bereich ausgewertet: von Politikern und Wissenschaft-
lern, von Müttern am häuslichen Herd und von Börsen-
händlern. Seine Erkenntnisse sprechen eine deutliche
Sprache: »Wir glauben, dass selbstbezogene, von ihrer
eigenen Wichtigkeit überzeugte Menschen die Personal-
pronomen der ersten Person verwenden, wenn sie von
sich sprechen – das ist falsch.« Sie verwenden systema-
tisch das verschleiernde »wir« – es ist viel schwerer zu
lügen, wenn man »ich« sagt.

Ein wahrhaftiges »ich« ist verstörend. Dieses »ich«
lebt in mir und im anderen. Es zwingt mich, aufrichtig
zu sein, mich zu entblößen. Es berührt über unsere Einzigartigkeit und Authentizität hinaus das Menschsein
in uns und unserem Gegenüber. Dieses »ich« bezieht
sich auf uns alle, und eben das macht es so faszinie-
rend. Dieses »ich«, von dem ich spreche, ist nicht unbedingt etwas Emotionales, sondern etwas, das uns in un-

bekannte Regionen entführt. Mit diesem »ich« hat mich ein Bauer für den Kartoffelanbau begeistert, ein Philosophieprofessor mir die Liebe zur Philosophie zurückgegeben, ein Verleger mich für sein Handwerk gewonnen. In dieses »ich« beziehe ich mich zutiefst ein und mit mir auch den anderen. Es ist ein pulsierendes »ich«, das ausdrückt, wer ich bin, und das mich frei macht. Es ist das »ich« der charismatischen Persönlichkeiten, in deren Gegenwart man still wird, um ihnen zuzuhören.

Immer noch ist dieses »ich« viel zu selten anzutreffen. Auch wenn unsere Gesellschaft etwas weniger konformistisch wird und mehr Raum für Eigenständigkeit lässt, so verstecken wir uns dennoch weiter hinter Bezugsrahmen, die uns ein Gefühl der Sicherheit geben. Wir sprechen von »wir« und »man«, weil das angeblich universell ist. Ich bin aber nicht das Universum, ich bin ein einzelner Mensch, und als solcher brauche ich die Begegnung mit anderen Menschen! Dieser Mangel an »ich« erklärt die politische und soziale Krise, die wir gerade durchleben, das Rekordhoch an Nichtwählern, die allenthalben herrschende Lethargie. Unsere Gesellschaft leidet vor allem an einem fundamentalen Mangel an Narzissmus.

Dieser Mangel schlägt sich in der Zunahme eines anderen, nicht minder beunruhigenden Phänomens nieder: in der wachsenden Zahl derer, die man wenig passend als »pervertierte narzisstische Persönlichkeiten« bezeichnet, bei denen es sich in Wirklichkeit aber um Personen handelt, die den Narzissmus pervertiert haben.

Das Phänomen selbst ist nicht neu. Ursprünglich wurde dieser Begriff auf Serienmörder angewandt, auf

Psychopathen, die sich von ihren eigenen Gefühlen, von ihrem eigenen Menschsein abgespalten haben und deswegen auch nicht fähig sind, die Gefühle oder das Menschsein im anderen, in ihrem Opfer, wahrzunehmen. Die Nazischergen, die, sich selber fremd, sich nur mit ihrer Uniform identifizieren, sind das Paradebeispiel für diesen Typus der Perversion.

Die sogenannte pervertierte narzisstische Persönlichkeit ist ein Mensch, der von seinem Bild vollkommen fasziniert ist, nur dass dieses Bild eine Fiktion, ein Ideal ist, das mit der Wirklichkeit nichts gemein hat. Er benutzt dieses Bild als Schutzwall gegen sich selbst. Sie trennt ihn von dem, was er ist, blockiert die Verbindung zu seinem Wesenskern. Sein »ich« ist nicht wirklich »ich«, sondern das »ich« des Bildes, das er sich von sich gemacht hat. Es ist abstrakt und daher eine Vergewaltigung seiner selbst.

Er instrumentalisiert seine Beziehung zu anderen Menschen: Deren Aufgabe ist allein, sein Selbstbild zu bestätigen. Das ist das Einzige, was für ihn von Interesse ist, und deshalb ist er auch jederzeit bereit, Menschen zu vernichten, die ihm eines Tages zur Bedrohung werden könnten. Berechnend, wie er ist, macht er mit sicherem Instinkt die Schwachstellen anderer Menschen ausfindig und benutzt sie, um sie besser kontrollieren und manipulieren zu können. Selbst wenn er »Ich liebe dich« sagt, geht es ihm nur darum, sein Selbstbild zu schützen. Er kann schließlich kein Risiko eingehen.

Menschlich zu sein ist aber mit Risiken verbunden. »Ich« zu sagen ist ein Risiko. Wir riskieren dabei ein Nein. Gleichzeitig ist es unsere einzige Chance, mit all unseren Bedürfnissen, Wünschen, Plänen und Problemen verstanden zu werden.

Ich habe gelernt, mich von Leuten fernzuhalten, die sich nicht erlauben, »ich« zu sagen oder »ich« zu sein. Wagen wir doch das »ich«. Solange es echt ist, müssen wir uns dafür nicht schämen. Solange es pulsiert, nimmt es eine Last von uns. »Ich« ist ein fast schon magischer Prozess, der uns von unseren Fesseln befreit. Ich horche auf meine Empfindungen, werde mir ihrer bewusst, vertraue dem, was ich fühle, was ich bin, was ich zum Ausdruck bringe. »Ich« ist nicht für uns reserviert, »ich« ist vielmehr höchst menschlich. Es berührt das Herz, das Menschsein in mir und im anderen. Wage ich ein »ich«, und man antwortet mir mit Nein, so weiß ich doch wenigstens, dass ich endlich gehört wurde ...

Ich habe noch nicht gelernt, immer »ich« zu sagen. Das kann man letztlich auch nicht lernen. Das ist etwas, worauf man ein Leben lang hinarbeiten muss. Immer wahrhaftig zu sein verlangt sehr viel Aufmerksamkeit. Manchmal habe ich schlicht Angst davor, mich zu offenbaren, zu sagen, was ich wirklich fühle oder denke. Ich habe Angst, damit auf Ablehnung zu stoßen, auch wenn meistens genau das Gegenteil passiert, wie ich immer wieder feststelle. Manchmal täusche ich mich auch, was meine Gefühle angeht. Manchmal habe ich ein schlechtes Gewissen und bringe irgendwelche Entschuldigungen vor, obwohl ich gar nichts falsch gemacht habe. Ein schlechtes Gewissen, weil ich bei einem Vortrag nicht die Zeit hatte, alle Fragen zu beantworten, auf Zuschriften nicht angemessen reagiert habe, nicht alles gegeben habe, was ich hätte geben können. Ich will zu viel auf einmal und werde mir damit nicht unbedingt gerecht. Ich muss immer noch lernen, dass ich das Recht habe zu sagen: »Ich kann nicht mehr tun«, wenn ich ohnehin schon viel getan habe. Ich bin immer noch dabei zu lernen, dass es unmöglich ist, von allen geliebt oder geschätzt zu werden. Ich bin immer noch dabei zu lernen, damit glücklich zu sein, dass ich »ich« bin. Das ist das Risiko, das wir akzeptieren müssen. Haben wir doch den Mut, es einzugehen ...

14

Sich für andere aufopfern – keine gute Idee

Meine Meinung ist, dass man sich anderen zwar leihen sollte, sich hingeben aber nur ans eigene Selbst.

Michel de Montaigne[16]

Zwei große politische Systeme drehen sich um die Forderung, der Einzelne habe sich für das künftige Wohl des Ganzen zu opfern: der Stalinismus und der Nationalsozialismus. Auf das Konto dieser beiden Systeme geht die höchste Zahl an Toten in der gesamten Menschheitsgeschichte. Ihre Ideologie lebt fort in den Diktaturen unserer Tage und deren radikaler Maxime: Was der Einzelne denkt, ist nicht nur ohne jeden Belang, sondern schadet sogar dem Kollektiv. Das Kollektiv ist wichtiger als das kleine Ich, es ist im Besitz des allein seligmachenden Wissens.

Wir haben uns heute zwar von solchen politischen Ideen verabschiedet, doch leider nicht mit der nötigen Konsequenz. Der herrschende Diskurs in Politik und Wirtschaft, die herrschenden Moralvorstellungen in

---

16 Michel de Montaigne, *Essais*, III, 10, München 2011, S. 343.

den sogenannten demokratischen Ländern fordern wie einst Stalin und Hitler immer noch, dass wir die Gemeinschaft, das Gemeinwohl (das Wohlergehen von Staat, Gemeinschaft, Familie und Unternehmen) über unsere eignen Interessen stellen.

Mitte des 19. Jahrhunderts prägte der französische Soziologe August Comte den Begriff »Altruismus«, der für ihn den Gegenpol zum »Egoismus« darstellte. Im Altruismus sieht er die natürliche Essenz der gesamten positiven Moral. Seitdem hängt über uns der Vorwurf, dass wir nicht altruistisch genug sind, dass unsere Gesellschaft immer noch zu egoistisch und individualistisch sei. Wir haben diese These so sehr verinnerlicht, dass wir sie nicht einmal mehr hinterfragen. Wir sind nicht mehr in der Lage zu erkennen, dass erstens diese Diagnose falsch ist und dass zweitens die Forderung, die eigenen Interessen denen der Gemeinschaft, des Kollektivs, unterzuordnen, letztlich nur dazu führt, dass das Kollektiv immer entmenschlichter und entmenschlichender wird.

Ich würde sogar so weit gehen zu sagen, dass dieser ständige Rückgriff auf Altruismus, Kollektiv und Pflicht jede Form von Politik und Ethik unmöglich macht, die auf der Freiheit des Individuums beruht und auf Individuen, die sich ihrer Freiheit bewusst sind.

Wenn ich solche Gedanken bei meinen Vorträgen zum Thema Meditation äußere, bekomme ich nicht selten erboste, ja zornige Worte des Protests zu hören. Sie kommen von Leuten, die, von der »Religion des Altruismus« durchtränkt, sich darüber aufregen, dass ich meine Zuhörer ermutige, narzisstisch zu sein, auf sich zu hören, sich in Frieden zu lassen und gut für sich zu

sorgen. Sie verstehen nur Faulheit, Trägheit und Ich-
bezogenheit. Und so schwenken sie das Banner von
Fleiß, Tüchtigkeit, Altruismus und Selbstaufgabe. Sie
sehen Gegensätze dort, wo ich lediglich ein tiefes Einssein beschreibe.

Niemand wirft doch einem Arzt vor, dass er sich die
Zeit nimmt, den menschlichen Organismus zu studieren und darüber nachzudenken, statt sofort mit dem
Operieren loszulegen. Niemand macht doch einem Wis-
senschaftler Vorhaltungen, wenn er in der Einsamkeit
seines Labors mit Reagenzgläsern hantiert und der
Spur seiner Eingebungen folgt, ohne zu wissen, worauf
er dabei stoßen wird. Doch wenn man den Leuten sagt,
sie sollen narzisstischer werden und in sich hinein-
horchen, kriegen sie Bauchschmerzen. Sie können nicht
verstehen, dass diese Zeit, in der ich mich forme und
jenseits von Wissen und Intellektualität über mich
reflektiere, grundlegend ist, nicht nur für mich selbst,
sondern für jede echte und dauerhafte demokratische
Gesellschaft, in deren Mitte das »ich« das Bürgerrecht
besitzt und die Pflicht hat, sich zu artikulieren.

Ohne Narzissmus keine Demokratie. Denn nur narzisstische Bürger besitzen die Fähigkeit, selbstständig
zu denken und wie wirkliche Staatsbürger zu handeln.
Wem narzisstische Qualitäten fehlen, der mag eine
tüchtige Arbeitskraft abgeben, doch ein Gespür für seine
eigenen Bedürfnisse und damit für die Bedürfnisse
anderer hat er nicht. So jemand wird seiner Uniform
mit seiner Leistung Ehre machen. Genie haben andere,
Verantwortungsbewusstsein auch.

Der Kollektivismus ist ein Irrweg, ein ebenso un-
menschliches, verschlossenes und verantwortungsloses

System wie sein Gegenstück, der Individualismus, der dadurch gekennzeichnet ist, dass man sich mit einem Bild von sich identifiziert: Ich bin Model, ich bin Manager, ich bin reich, und alles, was mich interessiert, ist, dieses Bild zu zementieren. Doch beide Extreme verstellen dem Menschen den Zugang zu sich selbst und damit den Zugang zu anderen Menschen. Ich kann zu einem anderen Menschen erst dann eine echte Beziehung herstellen, wenn es mir gelingt, mir selbst zu begegnen – nachdem ich mir Zeit genommen habe, in mich hineinzuhorchen. »Si tu t'aimes un peu, alors t'aimes les autres«, heißt es in einem Lied von Morice Benin: »Wenn du dich selbst ein wenig liebst, dann liebst du auch die anderen.«

Wir stecken in der Zwickmühle eines falschen Dualismus. Wir sollen uns entscheiden zwischen einem selbstherrlichen, egoistischen »Ich«, das in seinem eigenen Kerker gefangen ist, und der Selbstaufopferung im Namen der übergeordneten Instanz eines kollektiven »Wir«. Wir sollen uns entscheiden zwischen dem Individuellen und dem Universellen. Doch in beiden Fällen geben wir etwas Wesentliches preis: das Individuum, das aus Sorge um die Wahrheit, aus Narzissmus lernt, selbstständig zu denken, Nein zum Unrecht zu sagen und sich bewusst zu engagieren. Doch eben dieses Ideal zieht sich wie ein roter Faden durch alles, was die Größe abendländischen Denkens ausmacht. Es ist der Kern unserer Vorstellung von Erziehung, deren Ziel es sein sollte, den Einzelnen zu mehr Freiheit anzuleiten.

Opfern Sie sich bitte nicht für irgendetwas auf. Das ist wirklich keine gute Idee. Nehmen Sie sich lieber Zeit, um zu erspüren, was Sie brauchen, was Sie wollen, was für Sie wichtig ist. Nehmen Sie sich Zeit, um sich mit sich selbst auszusöhnen, damit Sie fähig werden, echte zwischenmenschliche Beziehungen einzugehen. Für so etwas haben Sie keine Zeit? Was ich Ihnen gerade vorgeschlagen habe, ist keine Frage der Zeit, sondern der inneren Einstellung.

Opfern Sie sich nicht blind, sondern handeln Sie achtsam und bewusst. Sie werden trotzdem länger im Büro bleiben, um einem Kollegen zu helfen. Sie werden trotzdem auf Ihren Kinobesuch verzichten, um daheim bei Ihrer Jüngsten zu bleiben, die Fieber hat. Sie werden trotzdem Ihre Cousine im Krankenhaus besuchen, obwohl Sie dazu gar keine Lust haben. Doch Sie registrieren Ihre Müdigkeit, Ihre Widerstände. Sie konstatieren, dass Sie etwas von sich gegeben haben. Sie machen das nicht klein. Sie danken sich für das, was Sie getan haben, erkennen Ihre Güte an. Kurz, Sie tun all das aus einer anderen Perspektive heraus, und das macht Sie glücklich.

Unsere Vorstellungen von »Opfer bringen«, von »sich zurücknehmen« gehen Hand in Hand mit einem recht seltsamen Moralbegriff, der besagt: Ich handele nur dann moralisch, wenn ich aus einem Gefühl der Verpflichtung heraus handle und dabei keinerlei Freude empfinde. Es ist dies das »reine Geben«, wie es die christliche und später verstärkt die kantische Moral fordern. Letztere geht davon aus, dass eine moralische Handlung von jedem Eigeninteresse frei sein müsse. Jedes Gefühl von Freude, das man dabei empfindet, entwertet sie. Wir alle sind von der kantischen Moralauffassung geprägt, selbst wenn wir nie eine Zeile von Kant gelesen haben. Eine Handlung ist für uns nur dann moralisch wertvoll, wenn wir daran keine Freude haben. Verkehrte Welt!

Wenn der andere leidet, muss ich mit ihm leiden – andernfalls fühle ich mich irgendwie schuldig, auch wenn ich für sein Leid nicht verantwortlich bin. Mein Partner hat sich das Bein gebrochen und ist ans Bett gefesselt? Ich habe Schuldgefühle, weil ich mit Freunden zum Essen gehe und mich amüsiere. Wir übersehen dabei jedoch, dass wir in eine Falle geraten, wenn wir mitfühlend sind, weil wir glauben, mitfühlend sein zu müssen. Ist meinem Partner wirklich gedient, wenn ich daheim an seinem Bett sitze und dem Abendessen mit Freunden nachtrauere oder der verpassten Yogastunde, der Betriebsfeier, dem Kaffee mit einer Freundin? Tut es ihm gut, wenn ich wegen all dieser Dinge schließlich auf ihn sauer bin? Bin ich ihm nicht nützlicher, wenn ich ihm entspannt und spontan von ganzem Herzen helfe, ohne das Gefühl, mich für ihn aufopfern zu müssen? Andernfalls nagt nämlich nicht nur das erbrachte Opfer an mir. Ich erwarte insgeheim dasselbe von ihm. Auf diese Weise nähre ich in mir nur wachsenden Groll.

Es gibt eine andere, freudvollere und nützlichere Art, anderen Menschen zu helfen. Ich helfe dir, weil ich in mich hineingehorcht habe und weiß, dass es mir guttut, wenn ich dir helfe. Ich finde Erfüllung, weil ich dir beistehe. So handeln ein Franz von Assisi oder ein Jean Vanier, die nicht in der Selbstkasteiung, sondern in der Freude der Liebe leben. So handelte der Mann, der sich bei dem blutigen Anschlag auf das Bataclan in Paris schützend vor seine Frau stellte. In einem Akt voller Vertrauen in das Dasein schenkte er ihr sein Leben. So handeln die freiwilligen Helfer der Tafeln und anderer Hilfsorganisationen. Keine triste Selbstaufopferung, sondern aufrichtige, freudige Entfaltung. Sie sind froh, weil sie helfen können. Ihre Hilfe macht sie selbst glücklich. Unser Verständnis von Mitgefühl gründet auf der Idee der Selbstaufopferung. Wir glauben, der wesentliche Punkt am Mitgefühl sei, mit dem anderen mitzuleiden. Ich selbst dachte lange, gütig zu sein heiße, sich an die Stelle des anderen zu versetzen. Nein! Das Wichtigste ist, offen zu sein für unser Gegenüber, was etwas völlig anderes ist. Ich war wie von einer schweren Last befreit, als ich herausfand, dass das tibetische Wort *tse-wa*, das gewöhnlich mit »Mitgefühl« übersetzt wird, eine geistige Einstellung beschreibt, bei der man die Art und Weise, wie man mit sich selbst umgeht, auf andere überträgt. Vor diesem Hintergrund kann der Dalai Lama auch sagen, dass »höchstes Mitgefühl nur eine höhere Form des Interesses am eigenen Wohlergehen ist. Deshalb haben Menschen, die sich selbst nicht mögen, solche Schwierigkeiten damit, anderen gegenüber wirkliche Anteilnahme zu zeigen. Es fehlt ihnen an einem Anker, einem Ausgangspunkt.« Sehr erhellend war für mich auch, dass das hebräische Wort *natan*, das »geben« bedeutet, sich von links nach rechts genauso wie von rechts nach links lesen lässt. Das legt den Schluss nahe, dass man, wenn man gibt, auch etwas empfängt, und wenn man etwas empfängt, auch gibt. Welch befreiende Perspektive! Das ist die *self-fullness*, das Erfülltsein von sich selbst, der Positiven Psychologie – und das Gegengift für Egoismus und Altruismus zugleich.

Es gab einen Zeitpunkt in meinem Leben, da habe ich mich aufgeopfert für einen mir nahestehenden Menschen, dem es sehr schlecht ging. Das hätte mich fast das Leben gekostet. Ich hatte mein eigenes Dasein auf Sparflamme gestellt, um stets an seiner Seite und präsent zu sein, *zu* präsent. Ich habe mich aufgeopfert und mir Vorwürfe gemacht, nicht genug zu tun. Es war nie genug. Ich steckte in einem Teufelskreis. Die ganze Situation fraß mich innerlich auf.

Gerettet hat mich François Roustang, Altmeister der Hypnotherapie. Er sagte nur einen Satz zu mir: »Retten Sie Ihre Haut!« Das aber verkündete er mit so viel Nachdruck und Ernst, dass mich das innehalten ließ. Ich begriff, dass ich mir Gewalt antat. Ich machte mich kaputt.

Bis zu diesem Zeitpunkt war ich in einer bestimmten Vorstellung von Opfermut und Mitgefühl gefangen, die es mir unmöglich machte, das rechte Maß zu finden. Meine Selbstaufopferung hatte etwas Krankhaftes. Dabei glaubte ich, alles richtig zu machen. Es schien mir nur recht, dass ich litt, weil der Mensch, der mir nahestand, auch litt. Mehr noch, es schien meine Pflicht zu sein. Geholfen hat mir das kein bisschen. Ich vergiftete mich selbst, um zu leiden, weil ich mir einbildete, ihm so besser in seinem Leid beistehen zu können. Dabei gab es für mich keinen Grund, mich mies zu fühlen oder mich von ihm schlecht behandeln zu lassen.

Von da an habe ich mir erlaubt, Grenzen zu setzen und Nein zu sagen. Nein, ich kann nicht noch mehr tun. Nein, ich bin nicht schuld. Nein, ich habe es nicht in der Hand. Anfangs musste ich mich dazu immer wieder zwingen. Doch ich bin kein Egoist geworden. Ich habe diesen Menschen nicht im Stich gelassen. Ich war nicht weniger engagiert. Ich war weiterhin präsent, akzeptierte aber, dass ich nicht alles tun konnte, dass seine Heilung nicht von mir abhing. Ich konnte ihm helfen, ihn begleiten, doch ich konnte ihn nicht heilen. So habe ich allmählich diese Spirale der (in Wirklichkeit gegenseitigen) Abhängigkeit durchbrochen, in der wir beide gefangen waren: den Teufelskreis der Schuldgefühle. Zuerst reagierte er überrascht. Ich war überzeugt, er würde mir böse sein: wegen der Pflegerin, die mich täglich ein paar Stunden ablöste, wegen der Zeiten, in denen ich ihn allein ließ, weil ich keine Meetings mehr absagte. Diese Abhängigkeit aber war eine Falle, ein Knoten, den wir beide zu fest zugezogen hatten und nun wieder lockern mussten. Ich habe aufgehört, mich für ihn aufzuopfern, und habe mich stattdessen um ihn gekümmert. Ich nahm mich ein Stück weit zurück, und er entwickelte mehr Vertrauen. Er stellte fest, dass er all diese Opfer meinerseits gar nicht brauchte, und interessanterweise war das für ihn eine Erleichterung. Als ich aufhörte, mich aufzuopfern, als ich narzisstisch wurde, habe ich damit ihn und unsere Beziehung gerettet. Wir haben zurückgefunden zu einer Haltung des gegenseitigen Respekts und der Würde. Für uns beide ging ein Stück Winter zu Ende. Seine Liebe wurde wieder, was sie nie aufgehört hatte zu sein: ein Spiegel, in dem ich mich betrachte, so wie meine Liebe ein Spiegel ist, in dem er sich sehen kann. Etwas, worauf wir uns stützen, um uns selbst zu finden und weiterzuentwickeln. So wie ein Baby sich auf den liebevollen Blick seiner Mutter stützt, ohne den es sterben würde.

Beruflich habe ich immer wieder mit einer wunderbaren Frau zu tun, die auch nie Nein sagen kann. Und so haben die Leute sich angewöhnt, ihr auf der Nase herumzutanzen. Und sie hat sich angewöhnt, sich aufzuopfern. Sie gilt allgemein als »hilfsbereit« und wurde irgendwann ein für alle Mal in diese Schublade gesteckt. Sie nimmt sich selbst zurück und leidet. Sie respektiert andere, aber sich selbst nicht. Sie sitzt in der tödlichen Falle des Altruismus fest und ist überzeugt, selbst nichts wert zu sein. Sie hilft anderen, um geliebt zu werden. Ihr entgeht, dass sie noch viel mehr geliebt würde, wenn sie den Mut hätte, jemand zu sein, der sich nicht aufopfert. Wenn sie den Mut hätte, narzisstisch zu sein und gelegentlich Nein zu sagen. Wenn sie Mitgefühl durch ein Gefühl der Würde ersetzen würde, sei es im Umgang mit sich selbst oder mit anderen – die ja von ihr gar nicht so viel verlangen, wie sie meint!

Zu echter Freundlichkeit gehört, dass man auch Nein sagen kann, nicht altruistisch ist, nicht kategorisch zwischen dem Ich und dem Anderen trennt. Die Freundlichkeit ist heute ein wenig in Verruf geraten, eben weil man sie mit der Unfähigkeit, Nein zu sagen, gleichsetzt. Das ist ein großer Irrtum. Wir müssen unterscheiden zwischen einem Verhalten, bei dem man nicht auf seine Bedürfnisse achtet, weil man nicht den Mut hat, recht zu handeln, und der echten Freundlichkeit.

Liebe hat nichts mit Abhängigkeit zu tun. Liebe drückt sich nicht darin aus, dass man den anderen »braucht«, sondern darin, dass man glücklich mit ihm ist. Dass man wirklich und rückhaltlos in einer Beziehung präsent ist, die beide nährt. Ich liebe dich von ganzem Herzen, weil es ein gemeinsames Band zwischen uns gibt.

15

Endlich Kraft für das eigene Engagement finden

Die Revolte kommt nicht zustande ohne das Gefühl, irgendwo und auf irgendeine Weise selbst Recht zu haben.

Albert Camus[17]

Ich kenne einen echten Helden – aber letztlich kennen wir alle jede Menge Helden. Es ist nun schon einige Jahre her, dass ich ihm begegnet bin. Zu der Zeit war er leitender Angestellter eines großen Unternehmens. Doch wenn er nicht arbeitete, litt er unter einem erdrückenden Gefühl der Bedürftigkeit. Wenn er von seinem Schreibtisch aufstand, dann nur, um nach Hause zu gehen und sich vor den Fernseher zu setzen. Er fühlte sich nichts wirklich gewachsen. Es fehlte ihm der Mut, sich emporzuschwingen. Er zögerte sogar, seinem Neffen bei einer Mathe-Hausaufgabe zu helfen, als dieser ihn darum bat: »Ich bin ein schlechter Lehrer.« Dann ließ er sich aber doch breitschlagen, gab ihm eine Nachhilfestunde und fand Gefallen an der ganzen Sache.

17 Albert Camus, *Der Mensch in der Revolte*, Reinbek 2006, S. 21.

Während der Osterferien ging er mit seinem Neffen sogar den Stoff des ganzen Schuljahres durch. Dieses »Erweckungserlebnis« zeigte ihm, dass er nicht ganz so schlecht war, wie er glaubte. Er trat einem Verein bei, der sich um sozial benachteiligte Kinder kümmerte, und gab dort jeden Samstag Nachhilfe. Er gab ein wenig von seiner Zeit und bekam dafür sehr viel Liebe und Zuneigung.

Dieser Mann hat sich selbst entdeckt. Vor nicht allzu langer Zeit bin ich ihm wieder begegnet. Vor mir stand ein neuer Mensch. Befeuert von einer Energie, die er nicht gekannt hatte, hat er sein Engagement um ein Vielfaches ausgebaut. Kümmerte er sich zunächst nur um Schulkinder, half er später dann auch Jugendlichen und Erwachsenen, die nicht lesen konnten, wieder in die Spur zu kommen. Er vertraut sich und wagt etwas. Er wagt, seine Stimme zu erheben, zu handeln, zu sein. Er musste dazu nicht über seinen Schatten springen: Er betrachtete sich einfach nur wie Narziss im Spiegel und entdeckte dabei, dass er unendlich viel zu geben hatte. Durch sein Engagement war er wahrhaft in Kontakt mit sich selbst getreten. Er hat seinen Platz gefunden und nicht mehr losgelassen.

Entgegen der herrschenden Meinung, die wir nachbeten wie ein Papagei, ist die große Krux unserer Gesellschaft nicht, dass sie zu egoistisch wäre. In unserer Gesellschaft herrscht nicht etwa »König Subjekt«, sondern »Angsthase Ich«, der es nicht wagt, seine Königswürde anzunehmen. Ich sehe immer noch viel zu viele Menschen, die sich ängstlich in sich verschließen. Lauter Blüten, die nur darauf warten, zu knospen und sich zu entfalten. Sie haben Angst zu versagen, wenn sie ihre Blütenblätter öffnen, Angst, nichts geben zu können – oder im Gegenteil zu viel zu geben. Die wahre Krux unserer Gesellschaft ist der Mangel an Narzissmus, die Scham, narzisstisch zu sein.

Ich bin narzisstisch geworden, um nicht länger unwiderruflich auf eine Identität festgetackert zu sein, ob nun Führungskraft oder Arbeiter, Ehrgeizling oder Faulpelz, netter Mensch oder Fiesling. Mein Genie trat zutage, als ich narzisstisch genug geworden war. Als ich mit dem, was ich meine Schwächen nannte und was in Wirklichkeit nur all das war, was mich einzigartig machte, ins Reine gekommen war. Ich war weder Egoist noch Faulpelz, doch ich hatte mich in meinem Schneckenhaus vergraben und erlaubte mir nicht zu sein. Ich hielt mich für arm und entdeckte, dass ich reich bin und unzählige Möglichkeiten habe. Die Energie des Lebens wurde frei in mir. Ich trieb nicht länger willenlos dahin wie ein Korken auf dem Wasser. Diese Passivität wich der Treue zu dem, was ich in mir entdeckt hatte.

Damit kam auch die Lust zu geben, zu helfen, mich zu engagieren. Das ist nun keine Besonderheit meines Charakters, sondern ein ganz natürlicher Antrieb, ein narzisstischer Impuls, der uns Menschen aus uns heraus und auf den anderen zugehen lässt. Wie Aristoteles so richtig sagte, sind wir Menschen ein *zoon politikon*, ein Wesen, das auf Gemeinschaft ausgelegt ist. Ich hatte meine Ängste und Zweifel, als ich erkannte, dass ich, um selbst Erfüllung zu finden, Meditation unterrichten *musste* zu einer Zeit, als sich dafür noch kaum jemand interessierte. Ich habe diese Ängste registriert: Ich hatte das Recht, Angst zu haben, und sogar die Pflicht zuzuhören, was sie mir zu sagen hatte. Sie ist

Teil der Wirklichkeit meines Engagements, wenn es tatsächlich in mir selbst wurzelt. Ich bin stur geblieben, um mir selbst treu zu sein. Ich habe gegeben. Viel gegeben. Aber ich habe im Gegenzug auch etwas zurückbekommen. Und nicht zu knapp.

Wenn wir heute das Wort »Engagement« hören, dann verbinden wir damit immer nur die Vorstellung von Aufopferung. Nichts könnte verkehrter sein! Der Lehrer, der Schreiner, der Beamte, der Chef, die beruflich ihr Bestes geben, tun das nicht, um sich aufzuopfern, sondern weil sie darin Erfüllung finden. Ihr Engagement schenkt ihnen ein Gefühl von Glück und Fülle. Abbé Pierre und Mutter Teresa, die ihr Leben den Ärmsten widmeten, betrachteten ihr Engagement nicht als Opfer, sondern als ihren Lebensfunken: Sie lebten ihr Ideal, und dieses trug sie. Sie waren sich selbst begegnet und öffneten sich der Welt.

Abbé Pierre und Mutter Teresa wären sicher aus allen Wolken gefallen, hätte man sie als narzisstisch bezeichnet, aber genau das waren sie. Alle, die selbst bei ihren kleinsten alltäglichen Verrichtungen danach trachten, eine bessere Welt zu schaffen, haben sich selbst lieben gelernt. Sie sind bereit, etwas zu wagen. Sie lieben sich selbst genug, um voller Vertrauen zu sich zu stehen, statt sich einem fremden Diktat zu unterwerfen. Sie begegnen sich selbst und finden die Kraft, aus ihrem Zustand der Unwissenheit herauszutreten und Nein zu sagen.

Durch mein Engagement habe ich den Sinn von *natan*, dem hebräischen Wort für Mitgefühl, das sich von links wie von rechts genau gleich liest, voll und ganz erfahren: Ich habe gegeben, und ich habe empfangen.

Ich habe Einkehr in mir gehalten, um aus mir herauszugehen. Ich habe berührt, was mich mit Leben erfüllt, und mich aus diesem Grund der Welt geöffnet. Dies war ein Akt der Befreiung, nicht der Selbstaufopferung. Und ich bin dabei zum Glück anders geblieben: Roboterarmeen engagieren sich nicht. Menschen mit ihren individuellen Besonderheiten aber haben die Kraft und den Wunsch, über ihre Begrenzungen hinauszugehen. Alle Fassaden fallen zu lassen und ihr Genie in Besitz zu nehmen. Ich habe mich gegeben und wurde durch den Reichtum, den ich immer schon in mir trug, aber lange nicht sah, noch reicher.

Ich bin narzisstisch, weil ich an mich und meine Fähigkeiten glaube. Ich bin narzisstisch, um den Mut zu haben, das zu tun, was ich gern tun möchte. Ich bin narzisstisch, das heißt, ich bin von einem Ideal beseelt, das mich trägt und über mich hinausreicht.

»Ich bin genial« – dieser Satz ist wahr. Ich mag dick, hässlich und schlecht rasiert sein, doch wenn ich mich im Spiegel anschaue, dann kann ich trotz aller Bartstoppeln zu dem Menschen, der mich aus dem Spiegel anblickt, freundlich Hallo sagen. Ich darf dabei durchaus den legitimen Wunsch empfinden, meine Mängel abzulegen und so zu werden wie der geniale Typ, der mich eben aus dem Spiegel angeguckt hat. »Wir sind genial« ist der einzige Satz, der uns aus dem Teufelskreis unserer kollektiven Selbstbefangenheit herausführen kann.

Der turbokapitalistischen Propaganda stelle ich meinen engagierten Narzissmus entgegen. Sich zu lieben heißt nicht, auf den eigenen Nabel zu schielen. »Ich liebe mich« heißt zu tun, was mich wachsen lässt, damit ich lebendig bleibe. Es heißt mich erkennen und das Menschsein in mir berühren. Das ist ein Werk, das täglich getan werden muss.

Ich werde mich niemals mit dem Mittelmaß zufriedengeben.

Anhang

Ich bin mir sehr wohl der Tatsache bewusst, dass ich in diesem Buch eine neue Lesart des Narziss-Mythos präsentiere. Aber liegt nicht genau darin das Wesen des Mythos, dass jede Epoche ihn neu, ihren eigenen Problemen entsprechend, befragen muss? Ich halte dieses Unterfangen für umso wichtiger, da mir Narziss – wie Ödipus im 20. Jahrhundert – der Mythos unserer Zeit, der Mythos *für* unsere Zeit, schlechthin zu sein scheint.

Ödipus ist die Gestalt, die Antwort geben muss auf die Frage aller Fragen, welche die Sphinx ihm stellt: »Welches Wesen geht am Morgen auf vier, am Mittag auf zwei und am Abend auf drei Beinen?«»Das ist der Mensch«, erwidert Ödipus. Jenes Wesen, das, wenn es den mütterlichen Schoß verlassen hat, auf allen vieren auf dem Boden herumkrabbelt, dann lernt, auf zwei Beinen zu gehen, und sich zuletzt im Alter auf einen Stock als drittes Bein stützen muss.

Ödipus hat begriffen, dass das Rätsel, das die Sphinx ihm stellt, darauf abzielt, was er eigentlich ist. Ist das nicht das zentrale Thema, um das sich die Geistesgeschichte des 20. Jahrhunderts rankt? Den Menschen zu benennen, zu einer Zeit, als er wie nie zuvor in der Geschichte der Menschheit (die an Grausamkeiten nicht eben arm ist) in seinem Wesenskern angegriffen wird?

Doch mit der Antwort des Ödipus ist das Rätsel noch nicht vollständig gelöst, und genau darin liegt die Ursache für die Tragödie des 20. Jahrhunderts. »Menschsein« bedeutet, eine bestimmte Haltung gegenüber dem Gesetz des Vaters einzunehmen, gegenüber Pflichten und Verboten. Das 20. Jahrhundert hat versucht, hier eine freiere, emanzipiertere Position zu beziehen. Aber wie ist diese Emanzipation denkbar ohne die völlige Preisgabe von Verantwortlichkeit, Pflicht und Engagement?

Narziss für seinen Teil gibt uns Aufschluss über die extremen Schwierigkeiten, die wir damit haben, »ich« zu sagen. Ein »Ich«, das kein Schemen, kein Bild, kein Widerschein, keine Illusion ist. Ein »Ich«, das uns vielmehr in die Lage versetzt, die Wahrheit unseres Daseins und unserer ethischen Verantwortung anzunehmen.

Doch nicht das Gesetz des Vaters ist der Grund unserer Selbstentfremdung, sondern die Auflösung unserer Identität. Der Vater im Sinne der Freud'schen Definition hat heute, jedenfalls in der westlichen Welt, nicht mehr diesen beherrschenden Einfluss auf unser Leben. Für diese Feststellung muss man sich nur einmal die Aussagen der Psychoanalytiker anhören, denen zufolge viele ihrer Patienten ohne Vater aufgewachsen sind und daher die Erfahrung der Vaterfigur gar nicht machen konnten.[18]

Unsere Entfremdung rührt daher, dass wir Schwie-

18 Diese Analyse verdankt sich in Teilen meinen Gesprächen mit dem Psychoanalytiker Jean-Jacques Tyszler, der in seinen Arbeiten versucht, diese neue psychische Ökonomie des modernen Menschen zu beschreiben. (Siehe hierzu: À l'encontre de ... Sigmund Freud, Paris 2013.)

rigkeiten damit haben, uns selbst zu begegnen. Die neuen Technologien, die Unterhaltungsindustrie und unsere diversen »Lifestyles« leisten einer nur bruchstückhaften, das heißt inkonsistenten Beziehung zur Welt Vorschub. Es geht für uns einfach immer nur darum, mehr zu machen, noch schneller, noch effizienter zu werden – um den Preis, dass wir uns immer radikaler von uns selbst abschneiden.

Um mit Narziss aufs Neue »ins Gespräch zu kommen«, habe ich den Mythos unzählige Male gelesen. Die Kenntnis, die wir von ihm haben, beschränkt sich meist auf die fesselnde Version, die Ovid uns hinterlassen hat. Diese Version ist es auch, die zum Beispiel der Maler Nicolas Poussin zur Vorlage genommen hat, als er sein Bild *Echo und Narziß* (1627) schuf, das im Louvre von Paris hängt.

Doch es ist sehr aufschlussreich, die griechischen Quellen zu studieren. Dort steht die Gestalt des Narziss für die Erneuerung des Lebens, symbolisiert durch jene Blume, die als eine der Ersten aus der Erde kommt, um den Frühling anzukündigen. Sie bedeckte als Blütenteppich die sumpfigen Wiesen der ägäischen Inseln, ehe sie rasch wieder verblühte. Narziss wurde so zum Sinnbild für den Triumph des Lebens, wie ihn Sophokles oder der homerische Hymnus an Demeter besingen.[19] Letzterer ist besonders erhellend: *Kore* (die jugendliche Persephone) ist die innig geliebte Tochter der Demeter, die von Hades, dem Gott der Unterwelt, entführt wird,

19 Sophokles, *Ödipus auf Kolonos*, Verse 681-684, in: *Gesamtausgabe der griechischen Tragödien*, Zürich/München 1979, S. 210.

während sie eine Wiese mit blühenden Narzissen betrachtet. Hades ist fest entschlossen, das Mädchen zu seiner Gattin zu machen.

Demeter, die sich über der Trennung von ihrer Tochter in Kummer verzehrt, vergisst ihre Pflichten als Fruchtbarkeitsgöttin und die Erde wird unfruchtbar. Da tritt Zeus dazwischen und schlägt einen Kompromiss vor: Persephone soll einen Teil des Jahres mit ihrer Mutter verbringen und im Herbst zu ihrem Gatten zurückkehren. Und so kennen wir seitdem diesen Wechsel zwischen fruchtbaren und unfruchtbaren Zeiten. Das ist also der Ursprung der Jahreszeiten, des Zyklus von Aussaat und Ernte. Diese Lesart des Mythos finden wir ebenfalls in einem Bild von Nicolas Poussin wieder, das zwischen 1630 und 1631 entstand und in Dresden hängt. In *Das Reich der Flora* versammelt der Maler in einer großartigen Meditation über die alljährliche Wiederkehr des Lebens mehrere mythologische Gestalten, unter ihnen Narziss, die sich sterbend in Blumen verwandeln.

Mit diesem Mythos verbunden sind eine Reihe von Riten und Initiationsritualen, wie zum Beispiel die Mysterien von Eleusis, welche das Leben der alten Griechen strukturierten. Man wird zum Mann, indem man durch die Erfahrung des Todes geht und dahinter neues Leben entdeckt. Das Mädchen stirbt (tritt ein in die Unterwelt) und wird zur Ehefrau. Auch heute noch ist die Heirat ein Tod, gefolgt von der Auferstehung, spricht man doch davon, dass man nun sein Leben als Junggeselle oder Junggesellin »beerdigt«. Die meisten Menschen sind sich der zutiefst mythischen Bedeutung dieser Riten jedoch nicht bewusst.

Der Religionswissenschaftler Bernard Sergent zeigte, gestützt auf Dumézil und dessen Hypothese, wonach die Götter drei Funktionen ausüben, die sich in den Strukturen der indogermanischen Gesellschaften widerspiegeln, dass sich hinter diesem Mythos eigentlich ein Initiationsritus verbirgt: Der Jüngling stirbt für sein Knabendasein, tritt ein in das Erwachsenenleben und wird zum Krieger. Auf diese Weise verbindet Sergent zwei Elemente: den in Wirklichkeit *symbolischen* Tod des Jünglings und die der Blume eigene Wiedergeburt im Jahreslauf.[20] Doch nach der Frage des Übergangsritus stellt sich auch die Frage nach der Einheit des Lebens. Wie kann man vereinen, was scheinbar getrennt ist – Frühling und Herbst, Leben und Tod, die Vielfalt aller Erscheinungen?

»Ich« zu sagen, so erklären uns die alten Griechen, heißt, diese beiden Bewegungen vorzunehmen: sich in seinem tiefsten Einssein zu erfassen und zu akzeptieren, dass man sich wandeln muss. Dies gilt nicht nur für das Kind, das zum Erwachsenen wird, sondern für jeden Menschen im Laufe seines Lebens.

Mehrere Jahrhunderte später wird der Narziss-Mythos in der römischen Welt wieder aufgegriffen. Der antike Mythenforscher Konon trägt griechische Sagen und Merkwürdigkeiten zusammen. Er sieht in dem Mythos die Geschichte einer Bestrafung für die Weigerung des Narziss, dem Gott Eros zu dienen, was in der Antike

20 Siehe hierzu: Bernard Sergent, *L'Homosexualité dans la mythologie grecque*, Paris 1986. Und: ders., *Homosexualité et initiation chez les peuples indo-européens*, Paris 1996.

ein durchaus geläufiges Motiv ist. Tatsächlich führen uns ja viele Mythen Helden vor, die aus Nachlässigkeit einem Gott nicht den gebührenden Respekt erweisen und dafür bestraft werden. In dieser Lesart ist die Geschichte also ein Sinnieren darüber, was eine menschliche Handlung zu Recht oder Unrecht werden lässt und wie weit wir gehen können.

Der Text, den Ovid uns hinterlassen hat, stellt sowohl in literarischer als auch in psychologischer Hinsicht einen Höhepunkt der Narziss-Bearbeitung dar. Ovid verknüpft hier die Geschichten von Narziss und der Nymphe Echo, die Hera im Auftrag von Zeus mit allerlei Erzählungen ablenkt, während der Göttervater seinen Liebschaften nachgeht. Als Hera dahinterkommt, bestraft sie Echo, indem sie ihr die Fähigkeit nimmt, sich selbstständig zu äußern. Sie kann nun nur noch die letzten Worte wiederholen, die ein anderer gesprochen hat. Dieses doppelte Unglück bedeutet letztlich, dass sie nicht mehr »ich« sagen kann, nicht mehr im eigenen Namen sprechen. In den antiken Versionen des Mythos ist Narziss nicht in sich selbst verliebt. Er ist vielmehr Opfer einer Illusion und hat sich selbst verkannt.

Erst in der Folge wird der Mythos auf die Geschichte einer moralischen Verfehlung – nämlich der übermäßigen Selbstliebe – reduziert.

Doch selbst in dieser Lesart liegen die Dinge bei näherer Betrachtung nicht ganz so einfach. Tatsächlich ist für das Mittelalter und hier vor allem für die Troubadoure und die Dichter der höfischen Liebe Narziss die Verkörperung der nicht erhörten Liebe und trans-

portiert den Appell, sich der Liebe nicht zu verschließen.

Im 17. Jahrhundert, im Zeitalter des Barock, beleuch-
tet Narziss das neue Lebensgefühl in dem ihm eigenen
Taumel. Das Bild, das er im Wasser gespiegelt sieht, ist
in ständiger Bewegung und verschwommen. Oder, wie
Gérard Genette betont: »Die Quelle ist stets bereit, in
einer unvorhersehbaren Laune das Bild, das sie scheinbar darbietet, wieder entschwinden zu lassen.«[21]

Gegen Ende des 19. Jahrhunderts erfährt der Narziss-Mythos wiederum eine Welle der Neubearbeitung,
in diesem Fall durch den Dichter Stéphane Mallarmé
und die Symbolisten. Das bietet die Gelegenheit, den
souci de soi, die Sorge um sich, in einer Zeit neu zu
denken, in der die westlichen Gesellschaften eine tiefe
Krise durchmachen.

Entscheidend für mich wurde die Lektüre von Rilkes
auf Französisch verfassten Narziss-Gedichten, speziell
eines Verses, in dem er vom »Narcisse exaucé«,[22] vom
»erfüllten« Narziss, spricht. Dieser hat mich veranlasst,
mir den Mythos genauer anzusehen. Mir ist bewusst,
dass dieses Bekenntnis vielleicht bei dem ein oder anderen auf ein mitleidiges Lächeln stößt. Wer misst schon
den Worten eines Dichters ernsthaft Bedeutung bei,
selbst wenn sie aus dem Munde eines der wichtigsten
Lyriker des 20. Jahrhunderts stammen?

Dennoch ist Rilke in die Unterwelt unserer Zeit hi-
nabgestiegen, um von dort Eurydike wieder ans Licht

21 Gérard Genette, »Complexe de Narcisse«, in: *Figures*, Paris 1966,
S. 23.
22 Rainer Maria Rilke, »Les Roses V«, in: ders. *Werke*, Bd. 1, Frankfurt a. M. 1966, S. 300.

zu holen. Die Auseinandersetzung mit Narziss war sein Weg, den eigentlichen Sinn des Mythos sowie die Notwendigkeit, in uns selbst zurückzukehren und unser grundlegendes Alleinsein anzunehmen, neu zu denken. Gegen Ende seines Lebens liest Rilke die Narcisse-Gedichte von Paul Valéry und ist davon tief beeindruckt, entdeckt er doch darin dieselben Fragen, die ihn sein Leben lang umgetrieben haben.

Er übersetzt diesen Gedichtzyklus ins Deutsche und versucht immer wieder, eine Begegnung mit dem Autor herbeizuführen. Schließlich besucht Valéry Rilke im schweizerischen Wallis, wo er in einer Art mittelalterlichem Wohnturm lebt. Die beiden verbringen einen Nachmittag miteinander. Ihr einziges Gesprächsthema: Narziss. Dies war, wie beide später bezeugten, einer der wichtigsten Momente in ihrem Leben, eine vollkommene Begegnung. Im Gästebuch finden wir den folgenden Eintrag von Paul Valéry: »Dieser Tag der Einsamkeit zu zweit wird mir, werter Rilke, stets eine kostbare Erinnerung bleiben. Ich danke Ihnen dafür von ganzem Herzen. Château de Muzot, den 6. April 1924, Paul Valéry.«

Rilke schreibt darunter: »Am 8. April wurde im Garten von Muzot ein junges Weidenbäumchen gepflanzt. Ich wünsche mir, dass es ein bisschen als Erinnerung an diesen schönen und unvergesslichen Besuch des großen Dichters heranwächst.«

Ist es nicht bezeichnend, dass eine der wichtigsten Begegnungen zweier Dichter in der Geistesgeschichte des 20. Jahrhunderts ausgerechnet Narziss zum Thema hatte?

Was dort zur Sprache kommt, ist etwas sehr Wesentliches. Man kann einem anderen Menschen nicht begegnen, ohne das Gefühl der eigenen Einsamkeit zu vertiefen – das ist ein Aspekt dessen, was Valéry mit »Einsamkeit zu zweit« meint.

Mit dieser Formulierung trifft er exakt die scharfsinnige Analyse der Liebe, die Rilke in *Briefe an einen jungen Dichter* unternimmt: »Lieben ist zunächst nichts, was aufgehen, hingeben und sich mit einem Zweiten vereinen heißt [...] Es ist ein erhabener Anlaß für den einzelnen, zu reifen, in sich etwas zu werden, Welt zu werden, Welt zu werden für sich um eines anderen willen, es ist ein großer, unbescheidener Anspruch an ihn, etwas, was ihn auserwählt und zu Weitem beruft. Nur in diesem Sinne, als Aufgabe, an sich zu arbeiten [...] dürften junge Menschen die Liebe, die ihnen gegeben wird, gebrauchen.«[23]

Hier wird die Lüge des Altruismus ins klare Licht des Tages gehoben. Ich bin in dem Ausmaß fähig zu lieben, wie ich zu dem werde, der ich bin – und nicht, in dem ich mich vergesse, aufopfere. In Rilkes »Testament«, das erst lange nach seinem Tod, 1974, erschien, heißt es in einem Briefentwurf über seine Beziehung zu Madame Klossowska: »Ich kann nicht los von mir. Denn, wenn ich alles, alles Meinige aufgäbe und, wie ich es manchmal ersehne, blindlings in Deine Arme überginge, mich darin verlöre –, so hieltest Du ja eben einen, der sich aufgegeben hat: nicht mich, nicht mich.«[24]

23 Rainer Maria Rilke, *Briefe an einen jungen Dichter*, Frankfurt a. M. 1989, S. 49.
24 Rainer Maria Rilke, *Das Testament*, Frankfurt a. M. 1975, S. 52.

Bei der Ausarbeitung meiner Überlegungen zum Mythos habe ich mich auch mit den bildlichen Darstellungen des Narziss beschäftigt, allen voran mit dem wunderbaren Bild von Caravaggio, das ich im Palazzo Corsini in Rom betrachten konnte. Das immense Zartgefühl, das aus diesem Bild spricht, war mir immer Aufforderung, meinen Standpunkt stets weiter zu hinterfragen, und diente mir so als Anleitung zur Abfassung des ganzen Buches. Caravaggio hat einen ganz wesentlichen Punkt erkannt: Narziss spricht von einer Zärtlichkeit, die uns verlorengegangen ist und die wir uns zurückerobern müssen.

Doch die Leistung Caravaggios liegt nicht allein darin, Narziss auf die Leinwand gebannt zu haben. Im 16. Jahrhundert lassen sich immer mehr Künstler von dieser mythologischen Gestalt faszinieren, die so zur Symbolfigur der Malerei selbst werden wird. Und das ist keineswegs die unbedeutendste von allen Überraschungen, die meine Arbeit zu diesem Thema für mich bereithielt. Dieser Mythos, der angeblich die Verwerflichkeit des Egomanen schildert, legt in Wirklichkeit über mehrere Generationen hinweg Zeugnis ab von der Fähigkeit der Malerei, sich dem Geheimnis wahrer Ähnlichkeit anzunähern – keine Ähnlichkeit im Sinne einer primitiven Kopie, sondern eine, die die Existenz eines authentischen Ichs entdeckt. Bei Alberti heißt es in der Einleitung zu seinem Werk *Über die Malkunst*: »Deswegen pflegte ich im Kreis meiner Freunde gerne nach dem Lehrspruch der Dichter zu sagen, dass der zu einer Blume verwandelte Narziss der Erfinder der Malkunst gewesen sei. Fasst man nämlich die Malerei als Blüte aller Künste auf, so kommt die ganze Sage von

180

Narziss hier sehr gelegen. Würdest du vom Malen sagen, es sei etwas anderes als ein ähnliches Umarmen jener Wasseroberfläche durch Kunst?«[25]

Hier haben wir die Essenz jeglicher Kultur zusammengefasst.

Zu unserem großen Unglück ist uns das heute so ganz und gar nicht bewusst. Kultur wird dieser Tage allzu oft auf ein Instrument der Unterhaltungsindustrie reduziert, auf eine Art Gesellschaftsspiel der sozialen Abgrenzung. Und plötzlich macht die ganze Sache Angst und erscheint uns als etwas Einschüchterndes. Viele glauben, ein Kunstwerk nicht gebührend würdigen zu können, weil es ihnen an der nötigen Vorbildung fehlt. Doch ein Gedicht bzw. einen Roman zu lesen oder ein Bild zu betrachten hat nichts mit dem Ansammeln von abstraktem, intellektuellem Wissen zu tun, sondern ist vielmehr eine Begegnung mit sich selbst.

Roland Barthes gibt uns hierzu eine wertvolle Anleitung mit auf den Weg:»Zwischen dem Autor und mir entwickelt sich eine Art schmeichelhafter Komplizenschaft. Ich fühle mich auserwählt. Der Künstler entdeckt mich. Er singt von mir, er singt von meinem Leid, von meiner Freude, meiner Neugierde, und er singt gut. Er hat alles gesehen, alles gehört, und noch mehr, das ich nicht gesehen und gehört habe. Das Echo eines Narziss, der nicht sprechen kann, ist mein inspirierter Doppelgänger. Was er mir anvertraut, ist für mich erhellend. Doch seine Enthüllungen sind gesittet, er singt dieses individuelle Lied mit solcher Trefflich-

25 Leon Battista Alberti, *Della Pittura – Über die Malkunst*, Darmstadt 2002, S. 103.

keit, mit einer Schönheit, die so reich und doch bescheiden ist, dass ich darüber nicht erröten muss, und zur Freude, erspürt worden zu sein, gesellt sich die, nicht verraten zu werden.«[26] Barthes legt hier die narzisstische Dimension des Kunstwerks offen: Vor der Begegnung mit dem Werk war mir mein eigenes Leben verborgen.

Dasselbe Phänomen beschreibt auch Jean Genet: »Ich gehe ins Theater, um mich auf der Bühne zu sehen (dargestellt als eine Person oder als mehrere Personen und in Form einer Erzählung), wie ich mich selbst nicht zu sehen oder zu träumen vermag – oder wage –, wie ich aber dennoch bin, wie ich weiß.«[27] Es jedem Menschen möglich zu machen, sich in einem Kunstwerk wiederzufinden, ist gleichbedeutend damit, das uns allen innewohnende Menschsein zu bewahren.

Der Narziss-Mythos gestattet uns, neu zu überdenken, was es für jeden Einzelnen heißt zu sein, also der zu sein, der er ist; der, der wir sein müssen; zu spüren, dass wir voll und ganz das Recht haben, dies zu sein.

Doch um das Tun, das sich dabei vollzieht, angemessen beschreiben zu können, ist es nötig, einige gravierende begriffliche Verwirrspiele zu beseitigen und die sich hartnäckig haltende Illusion auszuräumen, dieses Tun sei ein eitler, egozentrischer Akt.

Warum wird Narziss derart missverstanden? Dafür

26 Roland Barthes, »Plaisir aux classiques«, in Œuvres complètes, Bd. 1, Paris 2002, S. 57.
27 Jean Genet, »Comment jouer Les Bonnes«, in: Les Bonnes, Paris 1947, S. 10.

gibt es sowohl religiöse wie auch philosophische und ökonomische Gründe. Soweit es die Religion betrifft, ist dieses Missverständnis durchaus beunruhigend. Alle Religionen richten sich doch mit folgender Kernaussage an den Menschen: Du bist genial, vertraue dir. Du bist nicht dieser elende Wurm, der hilflos dem Schicksal ausgeliefert ist. Du bist ein »Kind Gottes«. Aber entgegen dieser ursprünglichen Aussage haben die Religionen ein doktrinäres Fundament gelegt, um genau das Gegenteil zu belegen: dass ohne Kirche, ohne Dogmen und allem, was dazugehört, »ich nur Asche und Fäulnis, nur schäbige Kreatur und verruchter Sünder bin«.[28]

Diese Auffassung, die zentral ist für das Christentum, rührt größtenteils direkt von Augustinus und seiner Formulierung des Konzepts der Erbsünde her, wonach wir schon schuldig sind, bevor wir überhaupt nur die geringste Verfehlung begangen haben. Ich führe hier das Christentum an, weil wir damit am besten vertraut sind, doch eine Analyse aller anderen Religionen würde dasselbe Bild ergeben.

Auch die Philosophie geht hinsichtlich Narziss in die Irre, und das hat hauptsächlich drei Gründe.

Erstens hat sie ein abstraktes Moralsystem geschaffen, das auf Selbstaufopferung beruht. Den massiven Einfluss, den die Moralauffassung Kants auf das Denken der Moderne hatte, habe ich bereits erwähnt.

Der zweite Irrtum ist die Erfindung des Menschen

---

28 So beispielsweise zu lesen in den *Explications des premières vérités de la religion à l'usage des écoles chrétiennes* (Erklärungen der ersten Glaubenswahrheiten zum Gebrauch an christlichen Schulen), Namur 1840.

als isoliertes Wesen, das mit einem Bewusstsein seiner selbst ausgestattet und von anderen getrennt ist. Das aber ist eine Sackgasse. Hier verdanke ich viel den Arbeiten von Ludwig Wittgenstein, welche die Türen und Fenster unserer engen Vorstellung vom Individuum aufstoßen. Der Begriff des Altruismus, der im Denken des 20. Jahrhunderts eine seltsame Wendung erfuhr, dreht nur die Sackgasse um 180 Grad, ohne uns einen Weg heraus zu zeigen. Wir verwechseln nun das Andere und die Andersartigkeit – die eine essenzielle Erfahrung unseres Daseins ist – mit dem »Fremden«. Hier wäre es notwendig, noch einmal bei null anzufangen und alles neu zu überdenken. Denn der Individualismus hat rein gar nichts mit Selbstbegegnung zu tun, sondern beruht vielmehr darauf, dass man sich radikal missversteht.

Diese Erkenntnis ist auch zentral für Paul Valéry und seine Auseinandersetzung mit dem Narziss-Thema.[29] Zwischen dem reinen Ich und der Person, die ein bestimmtes Alter, einen bestimmten Charakter hat, tut sich eine Kluft auf, die er in seiner Dichtung auslotet. Mit anderen Worten: Ich kann nicht »ich« sagen, ehe ich nicht das Anderssein in der Tiefe meines Seins angenommen habe. Andernfalls bleibt das »Ich«, das ich für mich beanspruche, nur ein Trugbild.

Der dritte Irrtum der Philosophie ist die Erfindung des Mythos, wonach der Mensch von Natur aus schlecht, egoistisch und eine Gefahr für andere sei. Dieses Märchen hat man sich in der Absicht ausgedacht, damit den

---

29 Paul Valéry, »Fragmente zum Narziß«, übersetzt von Rainer Maria Rilke, in: Paul Valéry, *Gedichte*, Reinbek 1962, S. 64 ff.

Absolutismus zu rechtfertigen, und sei es auch durch die Aufklärung abgemildert wie bei Voltaire. Es ist nicht das geringste Verdienst Rousseaus, dass er diese Verdammnis in Zweifel zieht. Doch er tut dies nicht, indem er diesem Bild den naiven Mythos des guten Wilden (eine sehr grobe Karikatur seines Denkens) entgegenstellt. Er behauptet vielmehr die Notwendigkeit, sich selbst zu begegnen, selbstständig zu denken und eine Gesellschaft zu gründen, in der der Mensch seine Freiheit nicht vollständig preisgeben muss.

Sozialwissenschaftler, Ethnologen und Verhaltensforscher bemühen sich nun seit Jahrzehnten, diesen seltsamen Ursprungsmythos unserer Zeit infrage zu stellen. Aufseiten der Wirtschaft richtet das geradezu hysterische Rentabilitätsstreben täglich größere Verwüstungen an. Nur noch, was etwas abwirft, das sich in Zahlen ausdrücken lässt, existiert bzw. hat eine Existenzberechtigung. Ich bin nur, wenn ich Arbeit habe, wenn ich auf dem Arbeitsmarkt einen bezifferbaren Wert habe.

Das Problem ist nun aber nicht, dass unsere Gesellschaft irgendwie nicht optimal gemanagt würde. Das Problem ist vielmehr, dass sich das »Management« mittlerweile ganz selbstverständlich auf Dinge und Menschen bezieht. Flüsse, Meere, Bäume, Tiere und Menschen sind aus dieser Sicht nur noch eine Art Kapital, das maximale Erträge zu erbringen hat – in ihrer Einzigartigkeit, ihrer Einmaligkeit gibt es sie nicht mehr. Das ist ein Gewaltakt gegen Mensch, Tier und die Erde, wie er brutaler nicht sein könnte.

Hält man sich all diese verschiedenen Aspekte vor Augen, dann begreift man schnell, wieso dieses abgrundtiefe Misstrauen gegen sich selbst so tief in unserer Kultur verwurzelt ist. Darin drückt sich die Unterwerfung des Menschen unter Religion, Moral, Politik und Wirtschaft aus. Es ist wirklich an der Zeit, dass wir uns daraus befreien.

Quellen

Dichtung

Bachelard, Gaston, *L'Eau et les rêves*, Paris 1942. (Eine der bewundernswertesten und freiesten Meditationen über Narziss.)

Frontisti-Ducroix, Françoise, Vernant, Jean-Pierre, *Dans l'œil du miroir*, Paris 1997.

Michaux, Henri, *Dichtungen und Schriften*, Frankfurt a. M. 1966 und 1970.

Ovid, *Metamorphosen*, Lateinisch/Deutsch, übersetzt und herausgegeben von Michael von Albrecht, Stuttgart 1994.

Rilke, Rainer Maria, *Briefe an einen jungen Dichter*, Frankfurt a. M. 1989. (Diesen Text muss man immer wieder lesen, weil er wie kein anderer klarmacht, dass die Sorge für sich selbst die Voraussetzung jeder wahren Liebe ist.)

Ders., *Das Testament*, Faksimile der Handschrift aus dem Nachlass, Frankfurt a. M. 1974.

Ders., *Werke in drei Bänden*, Frankfurt a. M. 1966.

Valéry, Paul, *Werke*, Band 1: Dichtung und Prosa, Frankfurt a. M. 1992.

Vinge, Louise, *The Narcisse Theme in Western European Litterature up to the Early 19th Century*, Lund 1967.

Philosophie und Politik

Aristoteles, *Nikomachische Ethik*, Stuttgart 2017. (Besonders zu empfehlen der Abschnitt über die *philia*, eine lebendige Schilderung der Freundschaft mit sich selbst.)

Foucault, Michel, *Hermeneutik des Subjekts*, Frankfurt a. M. 2009.

France-Lanord, Michel, *S'ouvrir en amitié*, Paris 2014. (Eine erhellende Studie über das Selbst in der philosophischen Erfahrung, das sehr präzise vom »Ich« unterschieden wird.)

Hadot, Pierre, »Le mythe de Narcisse et son interprétation par Plotin«, in: *Nouvelle Revue de Psychoanalyse*, Nr. 13, Paris 1976.

Heidegger, Martin, *Zollikoner Seminare*, Frankfurt a. M. 2006.

Montaigne, Michel de, *Essais*, München 2011.

Platon, »Alkibiades«, in: *Sämtliche Werke*, Band 1, Reinbek bei Hamburg 2004.

Rousseau, Jean-Jacques, *Emil oder Über die Erziehung*, Stuttgart 2003.

Tocqueville, Alexis de, *Über die Demokratie in Amerika*, München, 1976.

Weil, Simone, *Intuitions pré-chrétiennes*, Paris 1985.

Psychologie und Psychoanalyse

Andreas-Salomé, Lou, *Narzißmus als Doppelrichtung*, in: Werke und Briefe. Band 4: Mein Dank an Freud, Taching 2017.

Association lacanienne internationale, »Grandeur et misère du narcissisme – Condamnés à être libres«, Konferenz vom 14./15. Juni 2003, in: *Cahiers de l'association lacanienne internationale*, Paris 2004.

Ben-Shahar, Tal, *Glücklicher*, München 2010.

Csikszentmihalyi, Mihaly, *Lebe gut! Wie Sie das Beste aus Ihrem Leben machen*, München 2001.

Diel, Paul, *Motivationspsychologie*, Berlin 1989.

ders., *Le symbolisme dans la mythologie grecque*, Paris 1981.

Ehrenberg, Alain, *Das erschöpfte Selbst. Depression und Gesellschaft in der Gegenwart*, Frankfurt a. M./ New York 2004.

Freud, Sigmund, *Zur Einführung des Narzißmus*, in: Gesammelte Werke, Band 10, Frankfurt a. M. 1961.

Lacan, Jacques, *Schriften I und II*, Wien/Berlin, 2016.

Meditation

Salzberg, Sharon, *Wahre Liebe. Der buddhistische Weg, mit sich selbst und anderen glücklich zu leben*, München 2017.

Trungpa, Chögyam, *Spirituellen Materialismus durchschneiden*, Bielefeld 2015. (Eine bemerkenswerte, messerscharfe Analyse von Schamgefühl und Eitelkeit)

ders., *Das Buch vom meditativen Leben. Shambhala und der Pfad des inneren Kriegers*, München 2012. (Erstaunliche Erklärungen eines Meisters der tibetischen Tradition zu Selbstliebe und Wohlwollen, zu unserer eigenen Verwundbarkeit.)

Sonstiges

Bettini, Maurizio, Pellizer, Enzio, *Le Mythe de Narcisse*, Paris 2003.

Habert, François, *Description poétique de l'histoire du beau Narcissus*, Lyon 1550.

Knoepfler, Denis, *La patrie de Narcisse*, Paris 2010.

Danksagung

Mein Dank geht an:

Djénane Kareh Tager, ohne die ich niemals den Mut gehabt hätte, dieses Buch zu schreiben, das mir ja schon so viele Jahre im Kopf herumspukte.

Clément, der mir hilft, der zu sein, der ich bin.

Bruno, der mir ermöglicht, auf das Leben zu vertrauen.

In diesem Buch verdankt sich vieles dem Austausch mit Tal Ben Shahar. Unsere leidenschaftlichen Diskussionen haben mein Denken nachhaltig befruchtet.

Ich empfinde große Dankbarkeit gegenüber Chögyam Trungpa. Er hat als Erster klargemacht, dass Meditation nur dann sinnvoll ist, wenn sie ermöglicht, dass wir endlich Freundschaft mit uns selbst schließen.

Ich möchte auch Léonard Anthony danken, dessen Freundschaft mich bei jedem Schritt meiner Arbeit begleitet, sowie Susanna Lea, die für mich wie eine herrliche, wunderbare Quelle ist und mir sämtliche Möglichkeiten eröffnet.

Danke auch an Guillaume Robert, der einfach perfekt ist.

Danke an Nicolas Watrin und seinen visionären Enthusiasmus.

Und nicht zuletzt gilt mein Dank auch Catherine Dincq, Bibliothekarin in Rouen, die mich immer unterstützt hat. Sie ist der lebende Beweis dafür, wie wichtig Bibliotheken, diese kostbaren Orte, an denen Wissen bewahrt und weitergegeben wird, für jeden Autor sind.